Terres sauvages
du Canada

Canada's
Wild Lands

Enviro Foto

Terres sauvages du Canada

Canada's Wild Lands

Les Éditions GID

Conception et réalisation/*Design and Production*
  Les Éditions GID inc., Serge Lambert
  Enviro Foto inc., Jean-François Bergeron

Recherche documentaire/*Research*
  Jean-François Bergeron, Caroline Roy, Hélène Riverin

Rédaction des textes des chapitres et des légendes/
Copy-writing (chapter presentations and caption texts)
  Jean-François Bergeron

Rédaction des biographies/*Copy-writing (biographies)*
  Hélène Riverin, Jean-François Bergeron

Concept graphique et mise en page/
Graphic Design and Layout
  Hélène Riverin

Révision linguistique (textes français)/*Copy-editing (French texts)*
  Bernard Audet

Traduction/*Translation*
  Donald Kellough (Co-ordinator), Jane Macauley,
  et/and Alison McGain

Suivi de production/*Production*
  Johanne Dupont

Photographie de la page couverture/*Cover Photography*
  **Les montagnes Richardson aperçues de la route
  Dempster (Yukon)**
  *The Richardson Mountains seen from the
  Dempster Highway (Yukon)*
  Photographe/*Photographer* : *Jean-François Bergeron*

Photographes/*Photographers*
  Jean-François Bergeron, Enviro Foto
  Michel Boulianne, Enviro Foto
  Éric Daigle, Enviro Foto
  Maurice Pitre, Enviro Foto
  Laurent Royer, Enviro Foto
  Hélène Savard, Enviro Foto
  Jacques Turcotte, Enviro Foto

  Serge Couturier
  Wayne Lynch
  Jean-Pierre Sylvestre
  Jamie Trento

Carte du Canada/*Map of Canada* (page 6)
  Cette information a été tirée de l'Atlas du Canada (http://atlas.gc.ca).
  © 2004. Sa Majesté la Reine du chef du Canada, avec l'autorisation
  de Ressources naturelles Canada.
  This information was taken from The Atlas of Canada http://atlas.gc.ca.
  © 2004. Her Majesty the Queen in Right of Canada with permission
  of Natural Resources Canada.

Distribution/*Distribution*
  Distribution Filigrane inc.
  7460, boulevard Wilfrid-Hamel
  Sainte-Foy (Québec) G2G 1C1
  Téléphone : (418) 877-3666
  Télécopieur : (418) 877-3741
  distributionfiligrane@gidweb.com

Dépôt légal/*Legal Deposit* – Bibliothèque nationale du Québec, 2004
Dépôt légal/*Legal Deposit* – Bibliothèque nationale du Canada/*National Library of Canada*, 2004

LES ÉDITIONS
GID

© LES ÉDITIONS GID et/*and* ENVIRO FOTO, 2004
7460, boulevard Wilfrid-Hamel
Sainte-Foy (Québec)
CANADA G2G 1C1

Téléphone/*Telephone* : (418) 877-3110
Télécopieur/*Fax* : (418) 877-3741

editions@gidweb.com
envirofoto@webnet.qc.ca

leseditionsgid.com

Imprimé au Canada/*Printed in Canada*
ISBN 2-922668-27-4

Société
de développement
des entreprises
culturelles
Québec

Nous remercions la SODEC pour le soutien financier accordé à notre maison d'édition par l'entremise de son Programme d'aide aux entreprises du livre et de l'édition spécialisée ainsi que le gouvernement du Québec pour son Programme de crédit d'impôt pour l'édition du livre – Gestion SODEC.

We thank SODEC for the financial support provided to our publishing house through its "Book publishing industry development program" and the Government of Québec – Tax credit for book publishing – administered by SODEC.

Nous reconnaissons l'aide financière du gouvernement du Canada par l'entremise du Programme d'aide au développement de l'industrie de l'édition (PADIÉ) pour nos activités d'édition et l'en remercions.

We gratefully acknowledge the financial support of the Government of Canada through the Book Publishing Industry Development Program (BPIDP) for our publishing activities.

Remerciements
Acknowledgements

*N*ous aimerions exprimer notre profonde gratitude à tous ceux et celles qui ont contribué de près ou de loin à la réalisation de cet ouvrage, à ces Canadiens de toutes les régions qui nous ont offert leur temps et leurs ressources et qui, comme nous, croient à la valeur du patrimoine naturel du Canada.

Merci aux membres de notre famille : Véronique Savard, Esther Savard, Céline Labrecque, Jacques Choquette, Pierre Choquet, Françoise Pinard-Bergeron, Marie Savard-Bergeron, de même qu'à nos amis des différentes provinces canadiennes qui nous ont chaleureusement accueillis.

Merci au personnel des parcs nationaux du Canada, notamment à Richard Lavoie et André Guindon, au personnel de plusieurs parcs provinciaux, à de nombreux guides et pourvoyeurs, dont Pauloosie Kooneeliusie (Broughton Island) et Ted Grant (Fort Simpson), ainsi qu'à Rick E. Hamburg (Iqaluit).

Merci aux commanditaires du livre : Denis Leclerc, Abitibi-Consolidated; Ève Giard et Martine Lemire, SSQ Groupe financier; Dominique Dionne, Janine Chartier et Manon-Lucie Sirois, Bombardier.

Merci aux entreprises qui nous ont offert leurs produits et services : Tracy Beeman, First Air; Gilles Couët et Régis Pageau, Chlorophylle Haute Technologie; Mary Mulder, Nikon Canada; Christine Otani, Pentax Canada; Hans Ohlig et Hayley Ohlig, Amplis Foto; Michael Mayzel, Daymen Photo; Tony Devai, Lee Filters; aux organisations de tourisme des provinces et territoires, et leur dévoué personnel : Tourism British Columbia; Alberta Economic Development; Tourism Saskatchewan; Manitoba Culture, Heritage and Tourism; Ontario Ministry of Tourism and Recreation; Tourisme Québec; New Brunswick Department of Tourism and Parks; Newfoundland and Labrador Department of Tourism, Culture and Recreation; Tourism Yukon; Northwest Territories Resources, Wildlife and Economic Development; Nunavut Tourism.

*W*e would like to express our deep gratitude to all who contributed in any way to the production of this book, and to those Canadians from all regions who offered us their time and resources and who, like us, believe in the value of Canada's natural heritage.

We would also like to thank the members of our family—Véronique Savard, Esther Savard, Céline Labrecque, Jacques Choquette, Pierre Choquet, Françoise Pinard-Bergeron, Marie Savard-Bergeron—as well as all our friends from various Canadian provinces who showed us such warm hospitality.

We are grateful to the staff at the National Parks of Canada, in particular, Richard Lavoie and André Guindon, to the staff of several provincial parks, and to numerous guides and outfitters, especially Pauloosie Kooneeliusie (Broughton Island), Ted Grant (Fort Simpson), and Rick E. Hamburg (Iqaluit).

We also wish to sincerely thank this book's sponsors: Denis Leclerc, Abitibi-Consolidated; Ève Giard and Martine Lemire, SSQ Financial Group; and Dominique Dionne, Janine Chartier, and Manon-Lucie Sirois, Bombardier.

Our thanks go to the following businesses that provided us their products and services: Tracy Beeman, First Air; Gilles Couët and Régis Pageau, Chlorophylle Haute Technologie; Mary Mulder, Nikon Canada; Christine Otani, Pentax Canada; Hans Ohlig and Hayley Ohlig, Amplis Foto; Michael Mayzel, Daymen Photo; Tony Devai, Lee Filters; and to the following provincial and territorial tourism organizations and their dedicated staff: Tourism British Columbia; Alberta Economic Development; Tourism Saskatchewan; Manitoba Culture, Heritage and Tourism; Ontario Ministry of Tourism and Recreation; Tourisme Québec; New Brunswick Department of Tourism and Parks; Newfoundland and Labrador Department of Tourism, Culture and Recreation; Tourism Yukon; Northwest Territories Resources, Wildlife and Economic Development; and Nunavut Tourism.

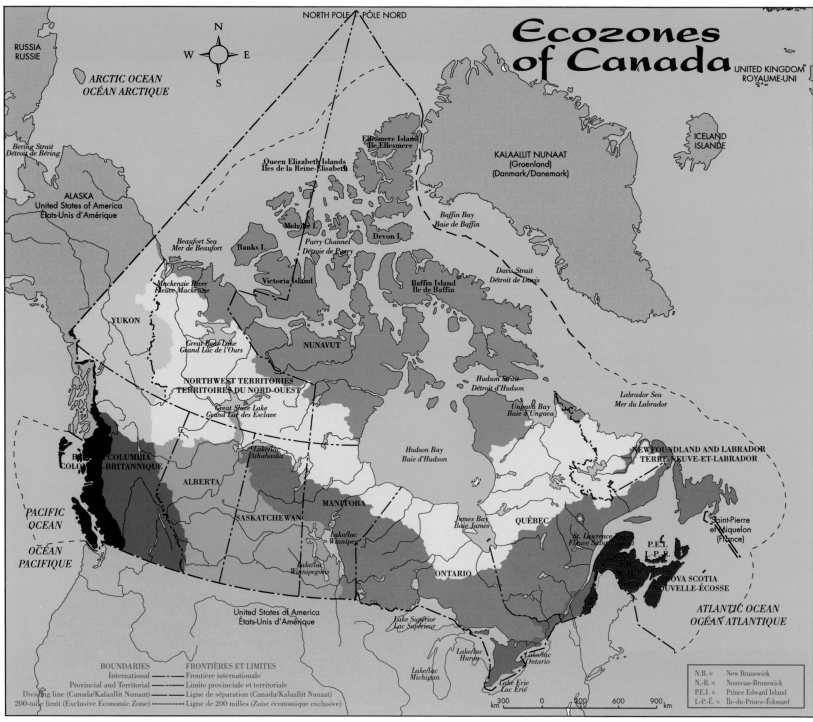

Écozones du Canada

Ecozones of Canada

REMARQUE

Pour les fins de présentation de l'ouvrage, les quinze écozones terrestres définies dans le Cadre écologique national pour le Canada ont été regroupées en neuf grandes écozones.

NOTE

For the purposes of this book's layout, the 15 terrestrial ecozones defined in the National Ecological Framework for Canada have been grouped into nine major ecozones.

N.B. =	New Brunswick
N.-B. =	Nouveau-Brunswick
P.E.I. =	Prince Edward Island
Î.-P.-É. =	Île-du-Prince-Édouard

BOUNDARIES — FRONTIÈRES ET LIMITES

International — Frontière internationale
Provincial and Territorial — Limite provinciale et territoriale
Dividing line (Canada/Kalaallit Nunaat) — Ligne de séparation (Canada/Kalaallit Nunaat)
200-mile limit (Exclusive Economic Zone) — Ligne de 200 milles (Zone économique exclusive)

1. Arctique/*Arctic*

2. Taïga et plaines hudsoniennes / *Taiga and Hudson Plains*

3. Bouclier boréal/*Boreal Shield*

4. Plateaux et Cordillère du Nord-Ouest/ *Northwest Plateaus and Cordillera*

5. Pacifique/*Pacific*

6. Cordillère de l'ouest/*Western Cordillera*

7. Prairies et plaines boréales / *Prairies and Boreal Plains*

8. Plaines tempérées du Sud-Est / *Southeast Temperate Plains*

9. Appalaches et Maritimes / *Appalachians and Maritimes*

Table des matières
Table of contents

À la mémoire de deux hommes épris de nature,
Raymond Bergeron (1935-1994)
et Louis-Philippe Savard (1926-1979),
qui ont balisé les sentiers de nos découvertes.

Ce livre est dédié à nos enfants.

This book is dedicated to our children.

In memory of Raymond Bergeron (1935-1994)
and Louis-Philippe Savard (1926-1979),
who, in communicating their love of nature,
set us on the path of our discoveries.

Avant-propos
Foreword

Alors que j'étais étudiant au collège à Trois-Rivières, en 1980, mes premières véritables découvertes des grands espaces eurent lieu sur les sommets alpins de Charlevoix (Québec). Il m'était alors possible d'imaginer la flore et les paysages de la toundra arctique. Ma fascination fut entière lors de séjours d'étude dans le Nord du Québec et à l'île d'Ellesmere (Nunavut). Nourri par la passion de mon professeur d'origine tchèque, le docteur Josef Svoboda, je découvrais alors un pays qui ne ressemblait en rien aux paysages canadiens des livres illustrés… Émerveillement et contemplation devant des lieux insolites, inaccessibles, aux conditions de vie extrêmes m'animaient.

Au début des années 1990, la rencontre d'Hélène Savard a ancré mon désir de découvrir les autres facettes de l'espace canadien. Ayant vécu à Terre-Neuve et au Manitoba, Hélène allait aussi s'engager dans un périple de douze ans… dans les lieux sacrés du patrimoine naturel du pays. Notre exploration photographique des grands espaces a été influencée par les travaux des trois dernières décennies de plusieurs photographes du Canada. De plus, la lecture des œuvres des grands maîtres du paysage canadien, issus du Groupe des sept, a aussi été une source d'inspiration.

La route ayant mené à la publication de cet ouvrage a été longue et ardue. Le réveil dans une tente glaciale, le froid qui brûle le visage, la chaleur accablante de juillet, les nuits écourtées, la fatigue physique sont quelques-unes des expériences d'une période exaltante de nos vies. La contemplation devant des sites naturels uniques, des cathédrales de l'héritage naturel, a suscité émerveillement et fascination. Appuyés par des citoyens et des acteurs du tourisme et des parcs des dix provinces et des trois territoires, les membres du groupe Enviro Foto peuvent aujourd'hui offrir ce livre aux Canadiens préoccupés par la conservation du patrimoine naturel.

La publication de l'ouvrage aurait été impossible sans l'engagement indéfectible de Serge Lambert, directeur général des Éditions GID, le support et le talent d'Hélène Riverin, la collaboration de Pierre Brunel, professeur honoraire à l'Université de Montréal qui a gracieusement fourni le texte sur Maxwell Dunbar, de Vincent Gérardin du ministère de l'Environnement du Québec, qui a témoigné de sa vision sur Michel Jurdant, de Camille Laverdière, biographe de Jacques Rousseau, qui nous a partagé son savoir, et de Jacques Cayouette, d'Agriculture Canada, pour le choix des biographies. Nous devons aussi souligner le soutien des photographes du collectif Enviro Foto : Michel Boulianne, Éric Daigle, Maurice Pitre, Laurent Royer et Jacques Turcotte. Les photographes invités, les Albertains Jamie Trento et Wayne Lynch, ainsi que les Québécois Jean-Pierre Sylvestre et Serge Couturier, partagent la même passion des grands espaces, nous les remercions.

Jean-François Bergeron, février 2004

My first true discovery of wide open spaces took place in 1980, on the alpine peaks located in the Charlevoix region of Québec. At the time, I was a college student in Trois-Rivières. As my gaze travelled over my surroundings, I could visualize the flora and landscapes of the Artic tundra. Later, my initial interest turned into full-blown fascination as I took part in field trips in Northern Québec and on Ellesmere Island (Nunavut). Inspired by the passion of my professor of Czech origin, Dr. Josef Svoboda, I discovered a country that in no way resembled the Canadian vistas presented in picture books. Instead, I was moved to both amazement and contemplation at the view of sites that were as completely unusual as they were harsh and foreboding.

My encounter with Hélène Savard in the early 1990s bolstered my desire to discover other facets of the Canadian landscape. Hélène had lived in Newfoundland and Manitoba, and was now ready to embark on a journey of 12 years that would take us into the hallowed sites of this country's natural heritage. Our photographic exploration of these immensities was influenced by the last three decades of work by a number of Canadian photographers. We derived additional inspiration from reading the works of the great representatives of Canadian landscape painting associated with the Group of Seven.

It has been a long and arduous path to final publication. This inspiring period of our lives had its share of painful experiences: the first wakening moments inside a freezing tent, searing cold in winter alternating with oppressive heat in mid-summer, occasional short nights and physical exhaustion, to name but a few. On the other hand, the contemplation of unique natural sites—cathedrals of natural heritage—stimulated feelings of awe and fascination. Now, thanks to the support shown us by individual citizens, tourism stakeholders, and parks from the ten provinces and three territories, the members of Enviro Foto join me in offering this book to Canadians concerned with preserving our natural heritage.

This book would have never made it to press had it not been for the unflagging commitment of Serge Lambert, General Manager of Les Éditions GID, or the support and talent of Hélène Riverin. We must stress the collaboration of Pierre Brunel, honorary professor at the Université de Montréal, who graciously provided the text on Maxwell Dunbar; Vincent Gérardin, of the Québec Ministère de l'Environnement, who shared with us his views of Michel Jurdant; Camille Laverdière, the biographer of Jacques Rousseau, who shared his knowledge with us; and Jacques Cayouette, of Agriculture Canada, for the selection of biographies. For their support, a special word of thanks is due the photographers of the Enviro Foto group: Michel Boulianne, Éric Daigle, Maurice Pitre, Laurent Royer, and Jacques Turcotte. The guest photographers, Albertans Jamie Trento and Wayne Lynch, and Quebecers Jean-Pierre Sylvestre and Serge Couturier, share the same passion for Canada's wild lands; we thank all four men.

Jean-François Bergeron, February 2004

Manitoba
Manitoba

Nunavut
Nunavut

Québec
Quebec

Terre-Neuve-et-Labrador
*Newfourndland and
Labrador*

Territoires du Nord-Ouest
Northwest Territories

Yukon
Yukon

Arctique

Arctic

Chapitre *Chapter* 1

Températures hivernales extrêmes entre – 20 °C et –40 °C, étés brefs au cours desquels le mercure ne dépasse pas 12 °C, sols gelés en permanence – l'immense territoire arctique canadien se définit par ses conditions exceptionnelles. Cela impose des adaptations originales aux plantes et animaux qui habitent la zone arctique. À cet effet, les mammifères ont développé de nombreuses adaptations morphologiques et physiologiques. Leurs fourrures possèdent des particularités, telles qu'un pelage laineux et des

The immense Arctic ecozone is defined by exceptional conditions—extreme winter temperatures of –20°C to –40°C, short summers in which the mercury rarely rises above 12°C and permanently frozen ground. The animals and plants that survive in such conditions have had to find unique ways of adapting to this environment. Mammals, for example, have developed many morphological and physiological adaptations. They may have woolly fur or thick coats of hollow hairs that provide good insulation.

Les falaises de dolomie et de calcaire du détroit d'Adams (région d'Arctic Bay, île de Baffin) sont celles qui, dans le contexte d'un climat arctique où les périodes de gel et de dégel abondent, vont engendrer d'immenses talus d'éboulis actifs. En effet, il n'est pas rare d'entendre le son d'une explosion ou plutôt le décrochement d'une portion de falaise qui entraîne dans sa chute les blocs instables du talus.

The dolomite and limestone cliffs of Adams Sound in Baffin Island's Arctic Bay region spawn immense scree slopes during the frequent frost-thaw cycles of the Arctic climate. In fact, it is common to hear a booming or crashing noise as portions of the surrounding cliffs break off, taking all of the slope's unstable blocks down with them.

poils creux et denses ayant des propriétés isolantes. Ces mammifères ont aussi des membres courts, même les extrémités comme les oreilles et la queue. Bien qu'elles soient homéothermes, plusieurs espèces ont la capacité de contrôler la température de certaines parties de leur corps, comme le caribou dont la température de certaines parties du corps est inférieure à la température corporelle de 38 °C : en hiver la température de l'extrémité des pattes est inférieure à 10 °C alors que celle du museau est de 20 °C.

Au cours d'une saison de croissance variant de 50 à 100 jours, les végétaux survivent aussi grâce à une gamme d'adaptations morphologiques et physiologiques. La plupart des plantes arctiques sont vivaces, ainsi elles n'ont pas à rebâtir leur tissu à chaque année. Leur forme est souvent pros-trée; de cette façon, les formes graminoïdes, en rosettes ou en coussins, li-mitent les pertes d'eau de chaleur. Il est aussi connu que plusieurs végé-taux déplacent les sucres accumulés dans les parties aériennes vers les rhizomes, à la fin de la saison de croissance. De plus, certaines plantes sont capables de photosynthèse très tôt au début de la saison de croissance; c'est le cas d'espèces de linaigrettes et de l'oxyrie de montagne qui peuvent fabriquer les glucides à des températures de −4 °C !

Borné au sud par la limite des arbres, l'Arctique couvrant le quart de la superficie terrestre du Canada est véritablement une des der-nières terres sauvages des Amériques. Peuplées par quelque 30 000 habitants, principalement des Inuits, les terres arctiques demeurent intactes, outre la présence de quelques rares sites d'extraction de mine-rais, de pétrole et de gaz. Trois entités géographiques de fort contraste découpent l'Extrême-Nord. D'abord, une véritable cordillère apparaît dans la portion orientale des îles d'Ellesmere, Devon, de Baffin, et dans les montagnes Torngat. Perchés à des altitudes variant de 1500 à 2616 m, les pics alpins sont entourés de champs de glace, de vallées glaciaires et de fjords grandioses. Les plus grandes calottes glaciaires de l'hémis-phère nord, outre celle du Groenland, s'y trouvent − remarquons les calottes Agassiz à l'île d'Ellesmere et Penny à l'île de Baffin.

Le Haut-Arctique, formé en partie des îles de l'archipel arcti-que, présente les conditions les plus dures pour la faune et la flore. Des précipitations annuelles de moins de 200 mm et des températures estivales près du point de congélation expliquent la prédominance d'écosystèmes de désert polaire. Un maigre tapis végétal, couvrant moins de dix pour cent des superficies terrestres, supporte quand même le caribou de Peary, le bœuf musqué, le loup, le renard arctique et le

They often have fairly short legs, ears and tails. Although they are of course warm-blooded, some of them are capable of controlling the temperature of certain parts of their bodies. For example, a caribou has a normal body temperature of 38°C, but in winter the temperature of its extremities can fall to below 10°C while that of its muzzle can be 20°C.

With a growing season that lasts between 50 and 100 days, plants also have a number of morphological and physiological adaptations that enable them to survive. Most Arctic plants are perennials, which means that they do not have to rebuild their tissues every year. They are often prostrate in form. Many plants have rosette, cushion or graminoid growth forms, which prevent heat from being lost to the surrounding air. In some Arctic species, the carbohydrates accumulated in their aerial parts can be transferred to rhizomes at the end of their growing season. Other plants are able to photosynthesize very early in the growing season. For example, some species of cotton grass and mountain sorrel can produce carbohydrates in temperatures as low as −4°C.

The Arctic, lying directly north of the tree line, covers a quarter of Canada's land area. This ecozone is one of the last truly wild areas in the Americas. Inhabited by some 30,000 people, Inuit for the most part, the Arctic lands have remained untouched, except for a few mines or the rare oil or gas drilling site.

The Far North is divided into three, strongly contrasting geographical regions. The first is a cordillera that emerges in the eastern parts of Ellesmere, Devon and Baffin islands and in the Torngat Mountains. Here, alpine peaks, reaching altitudes of 1,500 m to 2,616 m, are surrounded by icefields, glacial valleys and magnificent fjords. The Agassiz ice cap on Ellesmere Island and the Penny ice cap on Baffin Island rank among the world's largest, surpassed in size only by the Greenland ice cap.

The High Arctic, formed in part by the islands of the Arctic Archipelago, present extremely difficult conditions for wildlife. With annual precipitations of less than 200 mm and summer temperatures hovering around the freezing point, this region is home to primarily polar desert ecosystems. A thin plant cover manages to grow on less than 10% of the land surface but this is enough to support populations of Peary caribou, muskoxen, wolves, arctic foxes and arctic hares. The seawater can be very productive in places and, because of this, certain areas have large populations of belugas, narwhals, walrus, ringed seals and bearded seals. These sea mammals are the favourite prey of the polar bear, which lives

lièvre arctique. Les eaux marines quant à elles peuvent être localement très productives, ce qui explique les populations localement abondantes de bélugas, de narvals, de morses, de phoques annelés et de phoques barbus. Ces espèces sont bien sûr la proie préférée des ours polaires qui hantent la banquise pendant plus de dix mois de l'année. Les terres du Bas-Arctique, recevant davantage de précipitations (jusqu'à 600 mm par année), abritent une végétation de toundra abondante, des espèces herbacées et arbustives y forment souvent des prés verdoyants. Ces écosystèmes permettent le maintien des plus importants troupeaux de caribous de l'hémisphère nord. ❧

on ice packs for more than 10 months of the year. The Low Arctic receives somewhat more precipitation than the High Arctic (up to 600 mm per year) and therefore is able to support an abundant tundra vegetation, with species of herbaceous plants and shrubs often growing in lush meadows. The ecosystems found here are vital to the survival of the largest caribou herds in the Northern Hemisphere. ❧

À l'intérieur d'une baie abritée des îles Kekerten (île de Baffin), les littoraux sont occupés par les restants du pack. Le plus souvent, au sud de l'île de Baffin, la glace résiduelle du début de l'été y a été laissée par la banquise formée dès le mois d'octobre précédent. À la fin de l'hiver, cette glace annuelle peut atteindre plus de deux mètres.

Inside a sheltered bay of the Kekerten Islands (Baffin Island), the shores are strewn with pack ice remnants. South of Baffin Island, the ice that remains at the start of summer is most often the pack ice formed the previous October. By the end of winter, this first-year ice can grow to more than two metres in thickness.

Une langue glaciaire contour-
ne une immense colonne de
roche ignée, pour finalement
aboutir dans une des baies du
fjord Sam Ford, dans la région
de Clyde River (île de Baffin).

A glacier tongue skirts an
immense column of igneous rock
to finish its journey in one of the
bays of the Sam Ford fjord in the
Clyde River region (Baffin Island).

Kayakiste sur les lambeaux de banquise en juillet à Pond Inlet (île de Baffin),
à la limite du parc national Sirmilik.

A kayaker on remnants of pack ice in July in Pond Inlet (Baffin Island), on the edge
of Sirmilik National Park.

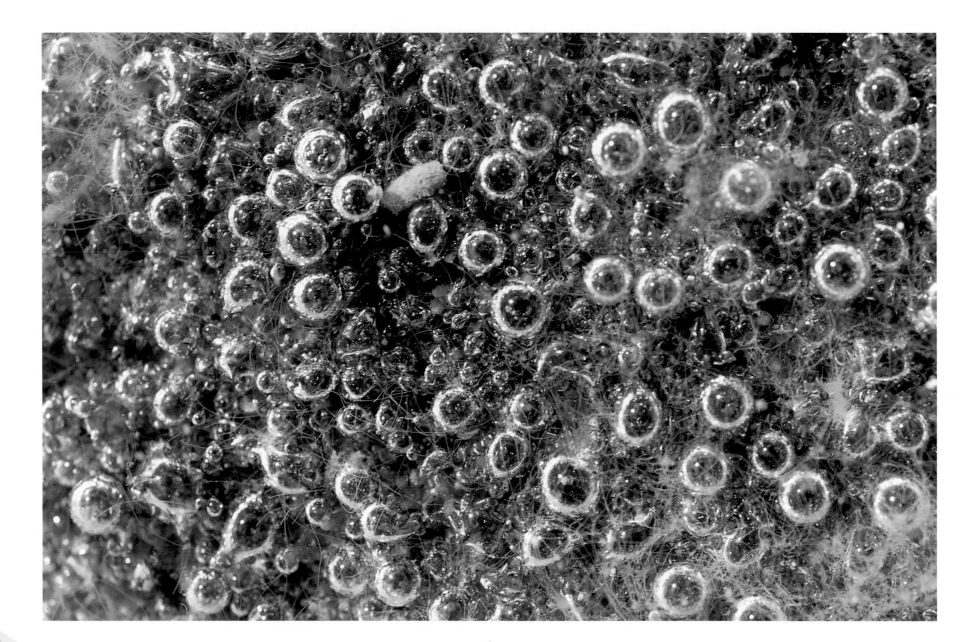

Au milieu de la vallée du col Sverdrup (île d'Ellesmere, 79° 08' N - 80° 30' O), une anfractuosité rocheuse abrite un micro-écosystème d'eau douce. Des algues vertes filamenteuses couvrent un lit de mousses de couleur rouge. La production d'oxygène et de gaz carbonique de ces plantes est à l'origine des bulles.

Mid-valley in Sverdrup Pass (Ellesmere Island, 79° 08' N - 80° 30' W), a freshwater micro-ecosystem is cupped within the hollow of a rock. Filamentous green algae overlay a bed of reddish moss. The bubbles result from the production of oxygen and carbon dioxide by these plants.

*E*n bordure de la côte d'Eclipse Sound, une pente arrosée par de nombreux ruisselets supporte une colonie de linaigrettes. Les houppes soyeuses de cette plante localement nommée «coton arctique» servait jadis à confectionner les mèches d'allumage des lampes à huile de phoque ou *kudliq*. Autre fait notable, cette plante herbacée démontre une adaptabilité remarquable au climat de l'Arctique. Des observations ont démontré que des espèces du même genre sont capables de photosynthèse à des températures aussi basses que −4 °C!

*L*ining the Eclipse Sound coast, a slope watered by numerous rivulets supports a colony of Arctic cotton-grass. The silky tufts of this plant known locally as Arctic cotton were once used as wicks in traditional seal lamps, or *kudliq*. Equally astounding is this herbaceous plant's remarkable adaptation to the Arctic climate. Studies have shown that species of the same genus are able to photosynthesize at temperatures as low as −4°C!

*A*vant le gel de la banquise à l'automne, les ours polaires mâles, qui le plus souvent demeurent solitaires, se regroupent pour quelques moments avant d'accéder à la banquise. Sa formation à la fin d'octobre ou en novembre permet aux ours de poursuivre la chasse à leurs proies préférées, le phoque commun, le phoque barbu ou le phoque annelé. De véritables rassemblements d'ours ont lieu dans la région de Churchill (Manitoba) et à la pointe Louis-XIV, à la jonction de la baie James et de la baie d'Hudson (Québec).

*B*efore pack ice forms in the fall, normally solitary polar bear males gather briefly before heading out onto the pack ice. As ice forms in late October or November, bears are able to continue hunting their favourite prey of harbour, bearded, and ringed seals. Veritable bear gatherings occur near Churchill, Manitoba, and at Point Louis XIV, at the junction of James Bay and Hudson Bay in Québec.

*L*e guide et chasseur Pauloosie Kooneeliusie, de Broughton Island (île de Baffin) guide ses chiens vers le refuge qu'il a construit à près de cinquante kilomètres du village.

*G*uide and hunter Pauloosie Kooneeliusie of Broughton Island (Baffin Island) steers his dogs toward the cabin he has built some 50 km from the village.

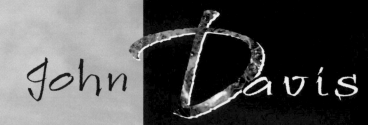

John Davis

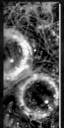

La découverte du passage du Nord-Ouest, voilà sans doute l'ambition qui a nourri toute la vie active de Davis, navigateur anglais réputé tenu en haute estime par ses pairs avant même d'avoir atteint sa trentième année. Il faut dire que l'homme est remarquable à plus d'un point de vue. Cultivé, débrouillard et inventif – on lui doit l'invention d'un quadrant, dit quadrant de Davis –, jouissant de qualités morales admirables, d'une humeur tranquille et d'un don pour la compréhension de ses semblables, qui le pousse à promouvoir la paix, Davis démontre également des talents de chef qui font de lui l'élu de Sa Majesté pour la conduite de missions exploratoires d'importance.

Sa carrière d'explorateur au service de la Couronne britannique débute en 1585 alors qu'il obtient les subsides nécessaires pour l'affrètement de deux navires en vue de la découverte du fameux passage qui doterait l'Angleterre commerçante d'une route directe vers les Indes. Parti de Dartmouth, il gagne d'abord le Groenland, l'île de Baffin, après avoir franchi le détroit qui sera nommé à sa mémoire, puis, l'année suivante, le 67e parallèle nord. En mai 1587, Davis rembarque pour une troisième fois. Parmi ses navires, deux sont destinés à la pêche à la morue, ressource abondante dans ces eaux nordiques, tandis qu'il poursuit sa mission à bord de la pinasse *Ellen*. Cette fois, il atteint le 72e parallèle nord à travers des eaux libres de glace sur la côte ouest du Groenland, dans le détroit de Davis. Finalement repoussé par des vents violents, il met le cap vers le sud, découvrant au passage le golfe de Cumberland, la baie de Frobisher et le détroit d'Hudson, entrant dans le fjord du Labrador qui porte encore son nom (Davis Inlet). À son retour en Angleterre, le passage du Nord-Ouest n'est toujours pas découvert, mais le rêve demeure. Pendant des décennies encore, cette quête entraînera dans les eaux froides de l'Arctique nombre de hardis explorateurs. Après cette période, Davis est forcé d'abandonner l'Arctique pour les Indes, utilisant la voie maritime traditionnelle. Il périt le 27 décembre 1605, au cours de son troisième voyage aux Indes, victime de pirates japonais.

À n'en pas douter, John Davis fait figure de précurseur. Il a ouvert la voie à des hommes tels que Hudson et Baffin, cartographiant les côtes de ces lieux qui porteront leurs noms. En outre, son traité intitulé *The worldes hydrographical discription* (1595) constitue une somme remarquable des connaissances géographiques de l'époque. Davis y a consigné de minutieuses observations sur les glaces, le relief, les formations rocheuses, la température, la végétation et la vie animale ainsi que sur le mode de vie des Inuits, devenant ainsi l'un des premiers observateurs connus de ce peuple des terres arctiques.

Explorateur

20

Explorer

There is no doubt that John Davis' life ambition was to discover the Northwest Passage. This famed English navigator, who enjoyed the admiration of his peers before he had even turned 30, was remarkable on more than one count. Cultivated, quick-thinking and inventive (he was the creator of the backstaff, also known as a Davis Quadrant), Davis was also a morally upstanding individual, an even-tempered, sympathetic companion of his fellow man, and a promoter of peace. Finally, he demonstrated leadership capacities that earned him the nod of Queen Elisabeth for conducting major missions of exploration.

His career as explorer in Her Majesty's service begin in 1585 when he received the financial backing required to charter two ships for discovering the famous passage that would grant England a direct route to the Indies. Setting sail from Dartmouth, he first reached Greenland and, after crossing the strait later named for him, made landfall on Baffin Island. The year following, he reached 67° N. In May 1587, Davis set out on his third voyage. His fleet included two ships expressly fitted out for cod-fishing, given the abundance of this resource in northern waters, and the pinnace *Ellen*, with which he pursued his mission of exploration. This time, by sailing the ice-free waters along the west coast of Greenland in Davis Strait he was able to reach 72° N. After encountering fierce winds, he turned south on a course that would lead him to discover Cumberland Gulf, Frobisher Bay and Hudson Strait, and to enter the Labrador fjord that continues to bear his name—Davis Inlet. By the time he touched shore in England again, Davis had not yet managed to discover the Northwest Passage but his dream would live on all the same. For decades afterwards, this quest would continue to attract many intrepid explorers to the frigid waters of the Arctic. Davis was subsequently forced to give up an Arctic route in favour of the traditional sea lane to the Indies. On December 27, 1605, during his third Indies voyage, he was killed by Japanese pirates.

John Davis was unquestionably a pathbreaker. For men such as Hudson and Baffin, he literally opened the way forward, charting the coastlines of the places that would later be named for them. In addition, his treatise entitled *The worldes hydrographical discription* (1595) provides a remarkable overview of the geographic knowledge of the era. In this work, he carefully recorded observations of ice conditions, terrain, rock formations, weather, vegetation and animal life. He also provided some of the first known descriptions of the Inuit and their Arctic way of life.

La plupart des 30 000 icebergs se détachant annuellement des glaciers du nord-ouest du Groenland sont entraînés par le courant marin de Baffin. Leur parcours dans la baie de Baffin les amènera le long de la côte du Labrador pour finir leur vie au large de Terre-Neuve ou dans le détroit de Belle Isle. À l'occasion, quelques-uns de ces icebergs dériveront du courant de Baffin pour échouer dans un des multiples fjords de la côte de Baffin. Cet iceberg de plus de soixante mètres de hauteur a été immobilisé au milieu de l'automne dans les eaux du fjord Sam Ford.

Most of the 30,000 icebergs that break off from the glaciers of Northwest Greenland each year are carried away by the Baffin Current. Their passage through Baffin Bay will take them along the Labrador coast to finish their life off of Newfoundland or in the Strait of Belle Isle. Occasionally, some of these icebergs will drift from the Baffin Current until winding up in one of the many fjords along the Baffin coastline. This iceberg over 60 metres high was trapped in the Sam Ford fjord in mid-fall.

*S*ur la côte québécoise du détroit d'Hudson, quelques rares plages de sable ou de gravier servent de lieu de rassemblement et de repos aux morses, qui sont d'ailleurs de nature très grégaire. En l'absence de banquise ou de glace flottante en juillet et en août, les morses se prélassent dans ces lieux de rassemblement nommés *uglit* par les Inuits.

*T*he few rare sand and gravel beaches along the Québec side of the Hudson Strait serve as meeting and resting places for walruses, who are by nature very gregarious. In the absence of pack and drift ice in July and August, they bask in the sun at these meeting places the Inuit call *uglit*.

Comme un millier d'autres dans le delta du fleuve Mackenzie, le pingo Ibyuk est une butte au noyau de glace formé à partir d'anciens lits de petits lacs ou de cours d'eau de faible profondeur. Dans les régions de pergélisol (sol gelé en permanence), les pingos ont été formés par le gel graduel d'un noyau de glace présent dans les sédiments d'un cours d'eau. La poussée d'un tel noyau soulève la couche de sédiments et forme une butte de quelques mètres à une hauteur de 49 m, tel qu'observé à proximité de la communauté de Tuktoyaktuk (Territoires du Nord-Ouest).

Like a thousand others in the Mackenzie River Delta, the Ibyuk Pingo is a knoll with a core of ice formed from the beds of ancient ponds or shallow bodies of water. In regions covered by permafrost (permanently frozen ground), pingos have formed as the residual water contained in river and lake sediment gradually freezes solid. As the ice core expands, it causes the sediment layer to heave and form a knoll ranging from a few metres to 49 metres high, as seen near the hamlet of Tuktoyaktuk in the Northwest Territories.

Les feuilles charnues de l'épilobe arctique possèdent une adaptation compa-
rable à celle de plusieurs autres espèces végétales arctiques : la cuticule cireuse est un des moyens pour limiter les pertes d'eau… surtout dans un environnement où les précipitations annuelles n'excèdent pas 300 mm par année,
soit le tiers des régions tempérées du Canada. Espèce colonisatrice des allu-
vions riveraines ou des substrats de sable et gravier, elle forme de véritables
tapis de fleurs en juillet dans le parc national Auyuittuq, comme ailleurs dans
les latitudes arctiques.

Like many other plant species native to Auyuittuq National Park and elsewhere in
the Arctic, the broad-leaved willow herb has adapted by developing a waxy coating on its fleshy leaves. This is one way to limit water loss, especially in an environment where annual rainfall does not exceed 300 mm per year, a third of what
Canada's temperate regions receive. It is a colonizing species on alluvial bars or
gravel and sand substrates, where it makes a veritable floral tapestry in July.

Dans l'île d'Ellesmere, la plus nordique de l'archipel arctique canadien, près de quarante pour cent de la superficie est couverte de champs de neige ou de glace. La portion restante du territoire est occupée par des déserts polaires et des semi-déserts, à l'intérieur desquels la couverture végétale est très réduite… Dans cet univers polaire, une vallée interglaciaire de 75 km de longueur, située au milieu de l'île d'Ellesmere (79° N, 80° O), abrite une des rares oasis polaires du territoire arctique canadien. Le col Sverdrup se distingue par la diversité de sa faune et de sa végétation.

Nearly 40% of Ellesmere Island—the most northerly in the Canadian Arctic Archipelago—is covered by ice or snowfields. The remainder is polar deserts and semi-deserts, where plant cover is very sparse. In this polar world, an interglacial valley 75 km long in the middle of Ellesmere Island (79° N, 80° W) shelters one of the Canadian Arctic's rare polar oases. The Sverdrup Pass is uniquely alive with a variety of plant and wildlife.

*D*ans la baie bordant Qikiqtar-juaq (Broughton Island), les icebergs échoués à l'automne devront attendre les premières semaines de juillet avant de se déplacer vers d'autres baies. La glace formant le pack les retiendra bien après le dégel printanier de juin.

*I*n the bay bordering Qikiqtar-juaq (Broughton Island), ice-bergs stranded the previous fall must wait until the first weeks of July before being able to drift away to other bays. Pack ice will trap them until well after the spring thaw in June.

𝒟ans la vallée interglaciaire de Sverdrup Pass (79° N, 80° O), située entre les calottes glaciaires Agassiz et Prince of Wales (île d'Ellesmere), un écosystème luxuriant abrite plusieurs communautés végétales de dryades, saxifrages et saules. Dans les milieux humides, les prés de carex sont visités par une colonie de plus d'une cinquantaine de bœufs musqués qui s'y alimentent. Toutefois c'est au milieu de juillet, lorsque les températures dépassent 5 °C et que l'eau s'écoule des glaciers, que la faune et la végétation abondent. La richesse de cet écosystème est imputable à un microclimat plus chaud expliqué par le relief de vallée fermée, l'apport d'eau continu par les glaciers et la présence d'un sol capable de supporter la croissance des plantes arctiques.

𝐵etween the Agassiz and Prince of Wales ice caps in the interglacial valley of Sverdrup Pass (79° N, 80° W), a vibrant ecosystem is home to numerous plant communities of mountain avens, saxifrages and Arctic willows. A colony of some 50 muskoxen visit the sedge meadows in the wet environments to feed. However, it is in mid-July, when the temperature climbs above 5°C and water runs from the glaciers, that plant and wildlife are at their most abundant. This flourishing ecosystem is due to the warmer microclimate of the "closed" valley, a steady supply of water from the glaciers, and soil able to support arctic plant growth.

Joseph-Elzéar ernier

La carrière de Joseph-Elzéar Bernier, fils et petit-fils de capitaine, semble toute tracée lorsqu'à l'âge de 14 ans il s'embarque comme mousse sur le voilier de son père. Trois ans plus tard, il est déjà capitaine. À compter de 1871, il prend la barre des barques et des brigantins d'un armateur de Québec et Liverpool et sillonne les mers, mettant le cap tantôt sur l'Europe, l'Amérique du Sud, tantôt sur l'Afrique du Sud ou l'Australie. En 1895, alors qu'il se sédentarise en acceptant le très convoité poste de gouverneur de la prison de Québec, il a traversé l'Atlantique quelque 250 fois !

C'est à cette époque que prend forme le projet qu'il caresse depuis des années : établir la souveraineté canadienne dans l'Arctique par la conquête du pôle Nord. Doué d'un grand pouvoir de persuasion et armé d'une ténacité à toute épreuve, il entreprend une vaste campagne de promotion – il prononce une centaine de conférences – afin de convaincre les autorités du bien-fondé de son projet et d'obtenir les subsides nécessaires. Passé les premières réticences, le gouvernement l'autorise à acheter un bateau pour la Marine canadienne. Entre 1904 et 1911, c'est à bord de l'*Arctic* qu'il effectue trois voyages majeurs. Bien que n'ayant jamais navigué dans les mers polaires, les connaissances qu'il accumule auprès de ses pairs, jumelées à son sens inné de l'organisation et de la mesure, lui valent la réussite de ses expéditions, et ce, malgré de longs hivernages. Au cours de ces trois campagnes, où il agit aussi comme garde-chasse et garde-pêche, il certifie la prise de possession d'une trentaine d'îles, érigeant croix et monuments de pierres, déposant des textes officiels. Puis, avec faste et discours solennel, il proclame « canadien » tout l'archipel arctique nord-américain, dont l'immense île de Baffin et la toute nordique île d'Ellesmere. L'œuvre du capitaine Bernier est remarquable et, s'il n'a pas réalisé son rêve de découvrir le pôle Nord – l'Américain Peary l'a devancé en 1909 –, il a, avec une opiniâtreté peu commune, confirmé la souveraineté canadienne dans l'Arctique.

Après cet épisode de conquêtes, il quitte la Marine et dirige, entre 1912 et 1917, trois expéditions privées dans les eaux nordiques qui, en plus de répondre à des ambitions commerciales, visent à consolider la prépondérance canadienne dans cette zone. Quelques années plus tard, au cours des quatre étés de 1922 à 1925, Bernier reprend les commandes de l'*Arctic* pour conduire dans le Grand Nord des équipes mandatées pour y établir des postes de la Gendarmerie royale dans les îles de Baffin, Devon et d'Ellesmere. C'est le début de l'occupation effective de l'archipel par l'administration canadienne.

Avec le voyage de 1925 se termine la carrière arctique du capitaine Bernier; cette même année son fidèle *Arctic* est mis au rancart. De 1895 à sa mort, le 26 décembre 1934, il n'a eu de cesse de proclamer l'importance pour le Canada de consolider ses juridictions dans l'Arctique.

The career of Joseph-Elzéar Bernier, the son and grandson of ship's captains, would appear to have been entirely charted out for him when, at the age of 14, he first signed on as a cabin boy aboard his father's sailing ship. Three years later, he had already become a captain. Beginning in 1871, he commanded the barks and brigantines of a shipowner based in Québec City and Liverpool, travelling the seas in all directions: to Europe, South America, South Africa and Australia. By 1895, when he had begun to settle down and had assumed the highly coveted position of governor of the Québec City prison, he had crossed the Atlantic some 250 times !

It was during this period that the project he had been cultivating for many years began to take shape—it was, namely, to set out in quest of the North Pole and, in the process, establish Canada's sovereignty in the Arctic. Possessing considerable powers of persuasion and iron tenacity, he launched an extensive promotional campaign aimed at convincing the authorities of the merits of his project and obtaining the requisite funding for it; to this end, he gave upwards of 100 addresses. Once the government overcame its initial reserves, he was authorized to purchase a ship for the Canadian Navy. Thus, between 1904 and 1911, he made three major voyages aboard his ship *Arctic*. Although Bernier had never navigated in polar waters previously, he successfully completed his expeditions—despite long periods of overwintering—thanks to the knowledge he had gleaned from his peers, coupled with his innate sense of organization and cool judgment. During the three campaigns, in which he also acted in the capacity of game warden and fisheries guardian, he claimed possession of some 30 islands for Canada, raising crosses and stone monuments or laying plaques in order to make such claims official. Employing a combination of flourish and solemnity on these occasions, he proceeded to proclaim the entire North American Arctic Archipelago—including gigantic Baffin Island and most northerly Ellesmere Island—to be Canadian territory. In his lifetime, Captain Bernier chalked up a remarkable record of accomplishments, and, although he failed to achieve his dream of discovering the North Pole—Peary, an American, was first to reach it, in 1909—his uncommon obstinacy nevertheless enabled Canada to confirm its sovereignty over the Arctic Islands.

Following this period of conquests, he left the Navy and, from 1912 to 1917, was to lead three private expeditions in northern waters not only to satisfy commercial ambitions but also to shore up Canada's authority over this zone. Several years later, during each of the four summers between 1922 and 1925, Bernier again commanded the *Arctic* on her travels to the Great North, carrying the teams assigned to establish RCMP stations on Baffin, Devon and Ellesmere Islands. This action indeed marked the beginning of the bona fide occupation of the archipelago by the Canadian government.

With the 1925 voyage, Captain Bernier's Arctic career came to an end. That year, his steadfast ship *Arctic* was retired from service. From 1895 until his death on December 26, 1934, he doggedly proclaimed the importance for Canada of consolidating its jurisdictions in the Arctic.

À la fin de juillet, dans le détroit d'Adams (région d'Arctic Bay, île de Baffin), la tonalité turquoise de l'eau de paire avec le bleu du ciel accompagnée de la texture de névé de ce fragment de banquise donnent à cette représentation de l'Arctique un caractère exotique…

In late July in Adams Sound in Baffin Island's Arctic Bay region, the turquoise tints of the water combine with the sky's blue and the texture of the névé of this pack ice fragment to give this Arctic scene an exotic tinge.

Le contenu élevé en résine des feuilles charnues de la cassiopée tétragone explique l'usage traditionnel de cette plante par les Inuits. En effet, la résine assure une inflammabilité élevée. Cela fait en sorte que cette plante, abondante dans les congères, a toujours été utilisée comme combustible. Au-delà de cette fonction utilitaire, cette «bruyère» arctique dégage lors de la floraison un parfum absolument voluptueux.

The high resin content in the fleshy leaves of the Arctic heather explains the plant's high flammability. It also explains why this plant, common in snowbanks, has always been used by the Inuit for fuel. In addition to its practical uses, Arctic heather gives off a thoroughly enticing perfume when flowering.

Jeune ou adulte, le phoque annelé a l'habitude de se hisser hors des trous de respiration pour se reposer ou encore s'exposer au soleil chaud du printemps. Dans les fjords et la côte est de l'Arctique, l'absence d'eaux libres en hiver ou au printemps force les phoques à maintenir leurs trous de respiration libres de glace.

Pup and adult ringed seals alike often haul themselves through their breathing holes to rest on the sea ice or bask in the warm spring sun. In the fjords and along the eastern Arctic coast, the lack of open water in winter and spring forces the seals to keep their breathing holes free of ice.

Tout au long de côte est de l'île de Baffin en bordure de nombreux fjords, des calottes glaciaires déversent leurs masses de glace. C'est à la tombée du jour que la tonalité turquoise de la masse de glace illumine la vallée. Un examen attentif du front glaciaire révèle sa véritable composition : des couches de glace entrecroisées de fractures, auxquelles s'ajoutent des particules minérales de toutes tailles : sable, gravier, pierre.

Ice caps shed their ice masses along the entire east coast of Baffin Island and at the mouth of numerous fjords. As night falls, the turquoise hues of the ice mass light up the valley. A close examination of the glacier front reveals its true composition: layers of ice crisscrossed with cracks as well as sand, gravel and stone particles of all sizes.

En bordure de la calotte de Penny, le col Aksayook, au cœur du parc national Auyuittuq, constitue un des plus beaux paysages alpins du nord du Canada. Les eaux glacées de la rivière Weasel, chargées de limon provenant de la fonte des glaciers s'étend parfois sur de vastes plaines alluviales. À l'occasion, la rivière prend la forme de puissants torrents qui représentent un sérieux défi pour les randonneurs.

Located in the heart of Auyuittuq National Park, Aksayook Pass on the edge of Penny Ice Cap is among the most beautiful alpine landscapes in northern Canada. Laden with silt from melting glaciers, the icy waters of Weasel River sometimes spill out onto broad alluvial plains. On occasion, the river turns into a raging torrent— and a serious challenge to hikers.

Une des concentrations d'icebergs les plus élevées de l'hémisphère nord se situe dans la baie de Baffin sise entre le Groenland et l'île de Baffin. Ces icebergs, qui proviennent principalement des glaciers de la côte du Groenland et de quelques glaciers de l'île d'Ellesmere, forment d'énormes masses de 30 à 300 mètres de hauteur. À quelques dizaines de kilomètres de la communauté de Clyde River, ce fragment de glacier flottant ne reprendra son voyage qu'au cours du mois de juillet.

One of the highest iceberg concentrations in the Northern Hemisphere is found in Baffin Bay between Greenland and Baffin Island. These icebergs, which come mainly from glaciers on the coast of Greenland and a few Ellesmere Island glaciers, form enormous masses 30 to 300 metres high. A few dozen kilometres from the hamlet of Clyde River, this floating glacier fragment will only continue its journey come July.

À quelque cinquante kilomètres de la localité de Qikiqtarjuaq (Broughton Island) sur l'île de Baffin, une fin d'après-midi des premiers jours d'avril.

Late afternoon some 50 kilometres from the hamlet of Qikiqtarjuaq (Broughton Island) on Baffin Island during the first days of spring.

Habitants des îles de l'archipel arctique, les bélugas abondent en été dans les estuaires des rivières de la baie d'Hudson, dont ceux des rivières Churchill (Manitoba) et Nastapoka (Québec). Quoique les bélugas de la baie d'Hudson migrent l'automne venu vers le détroit d'Hudson, les populations du Saint-Laurent bénéficient des eaux libres de glace et demeurent dans l'estuaire et le golfe au cours de l'hiver. Les populations de l'est de la baie d'Hudson et celles du Saint-Laurent bénéficient aujourd'hui d'un statut d'espèce menacée. La population du Saint-Laurent serait aujourd'hui stable ou même croissante, et ce, en dépit de l'exploitation intensive de ce mammifère au XXᵉ siècle et de la présence de polluants industriels dans la chaîne alimentaire.

A familiar sight in the Arctic Archipelago, belugas teem in summer in the estuaries of Hudson Bay rivers, such as the Churchill River in Manitoba and the Nastapoka River in Québec. While Hudson Bay belugas migrate toward Hudson Strait in the fall, the resident St. Lawrence populations take advantage of the open waters and winter over in the estuary and gulf. The St. Lawrence and eastern Hudson Bay populations have now been listed as endangered species. Today, the St. Lawrence population has stabilized and is even increasing despite heavy hunting of this mammal in the 20th century and the presence of industrial pollutants in the food chain.

L'est de l'Arctique, formé des trois grandes îles, Baffin, Devon et Ellesmere, abrite les trois quarts de toutes les superficies glaciaires au Canada. Parmi les plus importantes, les calottes Barnes et Penny ont été formées il y a plus de 100 000 ans et constituent les derniers vestiges de l'inlandsis laurentidien qui couvrait la presque totalité du Canada, il y a plus de 10 000 ans. Outre ces calottes, les glaciers actifs de quelques vallées glaciaires se jettent directement dans la baie de Baffin. Cette image prise dans la région de Clyde River montre l'empreinte laissée par le passage des glaciers : vallées suspendues, cirques et moraines médianes.

The eastern Arctic is made up of three large islands—Baffin, Devon, and Ellesmere—and is home to three-quarters of all glaciers in Canada. Among the largest are the Barnes and Penny ice caps, which were formed over 100,000 years ago and are the last remnants of the Laurentian ice sheet that covered virtually all of Canada over 10,000 years ago. In addition to these ice caps, the active glaciers of a few glacial valleys spill directly into Baffin Bay. This photo taken in the Clyde River region shows the features typifying the glacier environment, with its hanging valleys, cirques and medial moraines.

Maxwell John Dunbar

Héritier des grandes traditions d'exploration maritime de son Écosse natale, Max Dunbar, inscrit au premier cycle à l'Université d'Oxford, participe à une première expédition estivale au Groenland en 1936. Il s'intéresse déjà à l'influence des mers froides sur la distribution et les cycles de développement du zooplancton. Au cours de ses recherches doctorales à l'Université McGill, il poursuit l'étude de la diversité et de la répartition du zooplancton des eaux côtières de l'île de Baffin.

Il obtient son doctorat en 1941. Déjà soucieux de décrire les changements hydroclimatiques marins, il profite de ses années comme consul intérimaire canadien au Groenland pendant la Seconde Guerre mondiale pour étudier les fluctuations temporelles du courant ouest-groenlandais. On voit donc se dessiner dès cette époque la principale orientation scientifique du chercheur : la biogéographie marine, plus particulièrement l'étude du plancton et des masses d'eau qui le transportent.

C'est à titre de professeur de l'Université McGill qu'il entreprend, en 1947, un ambitieux programme d'exploration de la baie d'Ungava, de la baie d'Hudson et des autres eaux arctiques et subarctiques de l'est du Canada. Le groupe de recherche qu'il fonde est à l'origine d'un centre de recherche en océanographie qui a marqué les sciences de la mer pendant plusieurs décennies. Dès 1948, il fait construire selon ses spécifications un petit navire de recherche, le *Calanus*. C'est son leadership dans la conduite du Marine Sciences Centre, renommé en 1981 Institut d'océanographie, qui a permis à l'Université McGill, avec le Groupe interuniversitaire de recherches océanographiques du Québec, de diriger les travaux du Programme biologique international dans le golfe du Saint-Laurent. L'influence du professeur a été grande. Par la direction de nombreux étudiants diplômés, il a assuré une abondante relève d'experts en océanographie.

L'exploration arctique des premières années mène naturellement à la découverte de nombreuses espèces fauniques. Le professeur est d'ailleurs l'auteur de la description de six espèces de crustacés amphipodes inconnus jusqu'alors à la science. Il aussi identifié une population relique de morues atlantiques géantes, dans un lac contigu à la baie Frobisher. Grand maître de la biogéographie des eaux du Nord, l'homme de science a centré les dernières décennies de ses recherches sur la productivité des mers arctiques et les adaptations de leurs espèces, notamment les algues microscopiques des glaces flottantes. Homme affable, très sensible et aux intérêts divers, Max Dunbar se préoccupe également de la survie de la culture des Inuits, d'où l'importance accordée à l'étude des mammifères marins et des poissons essentiels à leur mode de vie traditionnel.

Max Dunbar a longtemps défendu une intuition peu orthodoxe, mais prophétique, sur l'évolution des écosystèmes arctiques. Son intérêt précoce pour les changements climatiques, bien connus pendant les périodes glaciaires et interglaciaires, s'est manifesté à une époque où il était encore difficile de démontrer l'influence de l'industrialisation dans ces changements mondiaux. Bien qu'il ne crût pas fermement à cette influence, ses publications font au moins état de ses inquiétudes sur l'aggravation des pollutions industrielles. De nombreux honneurs, y compris celui de l'Ordre du Canada, ont couronné la vie de cet homme engagé.

Océanographe

36

Oceanographer

In the great tradition of the sea explorers hailing from his native Scotland, Max Dunbar took part in his first summer expedition to Greenland in 1936 while still an undergraduate at Oxford University. As a young man, Dunbar already showed his abiding interest in the influence of cold seas on the distribution and the development cycles of zooplankton. During his doctoral work at McGill University, he pursued his study of the diversity and range of zooplankton in the coastal waters surrounding Baffin Island.

Dunbar earned his Ph.D. in 1941. Even at this early stage in his career, he took an interest in describing hydroclimatic change in marine environments. Accordingly, he took advantage of his years as Acting Consul of Canada to Greenland during World War II to study temporal fluctuations of the West Greenland Current. All in all, this period saw the main scientific focus of this researcher emerge and take shape: it was to embrace marine biogeography and, more specifically, the study of plankton and the bodies of water that carried them.

In 1947, as Associate Professor at McGill University, Dunbar launched an ambitious program of exploratory expeditions to Ungava Bay, Hudson Bay and the other arctic and subarctic waters of eastern Canada. He was instrumental in founding a research group that later evolved into a research centre that would play a pivotal role in oceanography advances for several decades. In 1948, he had a small research vessel, the *Calanus*, built to his specifications. In 1963 Maxwell Dunbar organized the Marine Sciences Center, rechristened the Institute of Oceanography in 1981, which enabled McGill University, in conjunction with the Groupe interuniversitaire de recherches océanographiques du Québec, to conduct projects within the framework of the International Biological Programme in the Gulf of St. Lawrence. Dunbar's influence was lasting and far-reaching, for in his capacity as professor, research director and mentor to numerous graduate students, he helped ready a considerable group of oceanographers for their careers.

The exploration of the Arctic begun as a young man naturally led him to discover many new species of wildlife. Indeed, Professor Dunbar authored the descriptions of six species of amphipod crustaceans previously unknown to scientists. He also identified a remnant population of giant Atlantic cod in a lake adjacent to Frobisher Bay. An authority on the biogeography of Canada's northern waters, Dunbar concentrated the last decades of his scientific research on the productivity of arctic seas and the adaptations of the species native to this environment—in particular, the microscopic algae found on drift ice. An outgoing, sensitive man of broad, varied interests, Max Dunbar was also concerned with the survival of Inuit culture—as witnessed by the importance he ascribed to studying the marine mammals and fish serving as a cornerstone to this people's traditional way of life.

For many years, Max Dunbar defended a rather unorthodox yet prophetic intuition concerning the evolution of arctic ecosystems. His precocious interest for climate change, a well-known phenomenon as concerns glacial and interglacial periods, emerged at a time when it was still difficult to demonstrate the influence of industrialization on global changes. Although he held no ironclad views concerning the potential negative impact of this process, his publications nevertheless attest to his concern about the spread of industrial pollution sources. Throughout his long career of commitment and action, Dunbar was awarded numerous honours, including being made an Officer of the Order of Canada.

Au milieu d'un après-midi de juillet, un iceberg à la dérive dans le détroit de Cumberland (île de Baffin).

In the midst of a July afternoon, an iceberg drifts about in Cumberland Sound (Baffin Island).

Sur la côte nord-est de l'île de Baffin, entre les localités de Clyde River et de Pond Inlet, plusieurs pics de plus de 1800 mètres d'altitude percent la couverture de nuages. Dans les îles de Baffin et d'Ellesmere, les hauts sommets en forme de crête et de pic émergent des immenses champs de glace d'une épaisseur de quelques centaines de mètres à 800 mètres d'épaisseur. Parmi ces hauts sommets, le mont Barbeau (2616 m), situé dans le parc national Quttinirpaaq dans l'île d'Ellesmere, constitue la plus haute montagne de l'est de l'Amérique du Nord.

On the northeast coast of Baffin Island between the hamlets of Clyde River and Pond Inlet, many peaks of over 1,800 metres high pierce the cloud cover. On Baffin and Ellesmere Islands, towering horn and arête-shaped summits emerge from vast icefields a few hundred to 800 metres thick. Prominent among these lofty summits is Ellesmere Island's Barbeau Peak (2,616 m), the highest mountain in eastern North America, located in the Quttinirpaaq National Park.

Une des plus robustes espèces arctiques-alpines de tout le territoire canadien, la saxifrage à feuilles opposées. Ses minuscules feuilles imbriquées en forme d'écailles et la forme de croissance en coussinet constituent un des moyens de défense contre la dessiccation et le froid. D'ailleurs, cette espèce qui croît dans des environnements plus chauds comme les monts Chic-Chocs au Québec et les montagnes Long Range à Terre-Neuve, se retrouve aussi dans les déserts polaires au climat le plus inhospitalier de la planète. En effet, l'espèce est présente dans les environs d'Eureka et d'Alert, dans l'île d'Ellesmere.

One of the most robust Arctic-alpine species in all of Canada is purple saxifrage. Its miniscule imbricated scale-like leaves and cushion growth form are defences against desiccation and cold. The species grows in warmer environments like Québec's Chic-Choc mountains and Newfoundland's Long Range Mountains, but also inhabits polar deserts having the world's most inhospitable climate. It has even been found near Eureka and Alert on Ellesmere Island.

Taïga et plaines hudsoniennes

Taïga and Hudson Plains

Chapitre 2 Chapter

Cette immense ceinture subarctique recouvre les latitudes septentrionales du Canada, du Québec aux Territoires du Nord-Ouest. Véritable zone de transition entre la forêt boréale continue et l'écozone arctique, la taïga et les plaines des baies de James et d'Hudson constituent un carrefour écologique où se rencontrent les conditions environnementales et les espèces de faune et de flore de ces deux mondes.

The taiga forms an immense subarctic belt of land along Canada's northern latitudes, stretching from Québec to the Northwest Territories. Constituting a transition zone between the boreal forest and the Arctic ecozone, the taiga is a genuine ecological crossroads, where the climatic conditions and the flora and fauna of two worlds meet.

Puisant ses eaux dans les terres forestières du nord de l'Alberta, la rivière Hay court sur un lit calcaire relativement plat qui, localement, présente une cassure spectaculaire de 33 mètres. Cette faille dans les sédiments paléozoïques prend le nom de chutes Alexandra (Territoires du Nord-Ouest).

Rising from the forests of northern Alberta, the Hay River flows along a relatively flat limestone bed until it makes a spectacular 33-m drop where it encounters a fault. This fault in Palaeozoic sediments is called Alexandra Falls (Northwest Territories).

Les éléments communs de ce vaste écosystème sont nombreux. D'abord, les conditions climatiques expliquent la formation de pergélisol continu ou discontinu. Cela n'est pas sans contradiction avec le régime des températures; en effet, la température moyenne annuelle varie de $-1\ °C$ à $-10\ °C$ selon les régions. La structure du couvert végétal se répète d'un lieu à un autre. En effet, la forêt est essentiellement clairsemée et composée d'essences résineuses. L'épinette noire, l'épinette blanche, le mélèze laricin, le pin gris et le pin tordu latifolié forment des peuplements ouverts à l'intérieur desquels les arbustes abondent. À l'automne, on remarque les coloris jaune et rouge des bouleaux glanduleux, des saules et des aulnes.

Des étés frais, au cours desquels la température moyenne de juillet ne dépasse pas 14 °C, contribuent à limiter l'évaporation des plans d'eau et à conserver le caractère humide des basses terres. Il en résulte de formidables réseaux de milieux humides, de tourbières et de petits lacs de faible profondeur. De plus, le passage cyclique des incendies laisse des cicatrices dans le paysage. Les brûlis peuvent demeurer dépourvus de toute régénération arborescente pendant des décennies, voire des siècles. Cela s'explique par l'occurrence de saisons de croissance froides qui causent le retard ou l'annulation de la germination des semis d'essences résineuses.

Le milieu forestier ouvert de la taïga se prête naturellement à la survie d'importantes populations de caribous, qui dans certaines régions comptent plus de 50 000 bêtes par troupeau. La faible densité du couvert forestier favorise la permanence de véritables réseaux de chemins très fréquentés par ces animaux grégaires. La préférence du caribou pour cet écosystème est d'abord en lien avec son alimentation. Ce cervidé du Nord tire sa nourriture d'hiver des pessières à cladonies. Dans ces forêts, il gratte le sol pour y chercher le lichen à caribous qui tapisse le sol.

Aussi présents dans la faune du bouclier boréal, plusieurs mammifères de la taïga présentent les mêmes liens dynamiques dictés par la prédation et la disponibilité de nourriture. La densité des populations de loups dépendra de la santé des populations d'orignaux qui, elles, dépendent directement des conditions environnementales de l'habitat et de la disponibilité de nourriture, c'est-à-dire de l'accès à des peuplements feuillus et des arbustes feuillus. Il faut se rappeler que les orignaux sont des herbivores qui ont une préférence pour les plantes feuillues. La relation entre le lynx du Canada et le lièvre est de même nature. D'une part, la densité de la population de lynx est conditionnée

This vast ecosystem is characterized by a number of factors, beginning with the climatic conditions that produce permafrost, which may be continuous or discontinuous. This presence of permafrost is naturally related to the ecozone's relatively cool temperatures. The average annual temperature varies between $-1°C$ and $-10°C$, depending on the region.

Another characteristic feature of the taiga is the vegetation structure. The forest is generally open and consists of coniferous species. Black spruce, white spruce, tamarack, jack pine and lodgepole pine form open stands, with dense underbrush between the trees. In fall, the landscape is brightened by the red and yellow leaves of dwarf birch, willow and alder.

Summers are cool, and the average temperature for July rarely exceeds 14°C. This tends to limit evaporation from bodies of water and maintains wet environments in lowlands. As a result, the ecozone possesses a remarkable network of wetlands, peat bogs and small shallow lakes.

The taiga landscape is scarred by cyclical forest fires. Burnt areas may remain bare for decades, and even centuries, before tree regeneration begins. Such delays occur when growing seasons are too cold for the seeds of coniferous species to germinate properly.

The open forest environments of the taiga are ideally suited to the needs of large populations of caribou, which may live in herds of over 50,000 individuals. Because of the forest cover's low density, these gregarious animals can make permanent networks of trails by taking the same routes over and over again. These members of the northern Cervidae family find their winter food in black spruce forests, where they paw at the ground to uncover the reindeer lichen growing there.

Other mammals living in the taiga are found in the boreal shield region as well. These animals are linked in dynamic relationships defined by predation and the availability of food. The density of the wolf population depends on the health of the moose population. The health of the moose population is determined by environmental conditions in the habitat that allow the animals to find food. Moose are herbivores that prefer leafy plants and, in winter, they must have access to the twigs of hardwood trees and deciduous shrubs. The relationship between the lynx and the snowshoe hare is similar in nature. The density of the lynx population is dependent on the cat's main prey, the snowshoe hare. The density of the snowshoe hare population is determined by the quality of this herbivore's habitats and the

par l'abondance de sa principale proie, le lièvre d'Amérique. D'autre part, la densité des populations de lièvres dépend de la qualité des habitats et de l'abondance de la nourriture. En effet, l'alimentation de cet herbivore repose sur la présence de couverts forestiers issus des perturbations, dans lesquels les arbustes feuillus abondent.

Les oiseaux les plus représentatifs de cet écosystème sont le plongeon arctique, la pie-grièche grise, le sizerin flammé, le bruant hudsonien, la chouette épervière, de même que les oies, bernaches et cygnes. Par ailleurs, plusieurs dizaines d'espèces aviennes empruntent l'un des couloirs migratoires les plus fréquentés du Canada, la vallée du grand fleuve Mackenzie. 🍁

abundance of its food sources. The hare finds its food in the deciduous shrubs dominating the type of forest cover that develops following some disturbance.

The birds most representative of this ecosystem are the red-throated loon, northern shrike, common redpoll, American tree sparrow, northern hawk-owl, snow goose, Canada goose and tundra swan. When they migrate, many of these bird species follow the broad valley of the Mackenzie River, one of Canada's major migratory corridors. 🍁

𝒰n des milliers de lacs et bras de rivières du delta de la rivière Mackenzie (Territoires du Nord-Ouest).

One of the thousands of lakes and river branches of the Mackenzie delta (Northwest Territories).

La rivière Liard qui serpente dans la plaine subarctique bordant la région de Nahanni Butte (Territoires du Nord-Ouest). En arrière-plan la chaîne Liard.

The Liard River meandering across the subarctic plain bordering the Nahanni Butte region (Northwest Territories), with the Liard Range in the background.

En juillet, vers 23 h 30, en bordure d'un des milliers de canaux formant le delta de la rivière MacKenzie (Territoires du Nord-Ouest), la lumière orange de fin de journée, mêlée à la brume flottant au-dessus de la nappe d'eau, offre un spectacle apaisant… L'immense enchevêtrement naturel de cours d'eau, de milieux humides et de bosquets forme le troisième plus grand bassin-versant de l'hémisphère occidental, après le delta des rivières Amazone et Mississippi. En raison de la très grande diversité des milieux humides et des milieux terrestres, la biodiversité d'espèces fauniques y est une des plus élevées dans le nord du Canada.

This dream-like scene, captured in July around 11:30 p.m., shows the orange glow of day's end as it seeps through the mist floating above one of the thousands of channels forming the Mackenzie River Delta (Northwest Territories). This gigantic natural network of watercourses, bogs, thickets and coniferous groves forms the third largest drainage basin in the Western hemisphere, just behind the Amazon and Mississippi river deltas. Given the basin's wide range of wetlands and terrestrial habitats, the biodiversity of its wildlife species is one of the most remarkable in Canada.

Les affluents des grandes rivières de la baie James (Harricana, Nottaway, Broadback) sont bien sûr formés par des rivières de plus faible débit, qui transportent les eaux brunes enrichies de matières organiques (acides humiques, tanins, etc.) et de matériaux fins (limons). Le relief de plaine qui engendre la présence d'une nappe phréatique peu profonde favorise la croissance des peupliers qui abondent en bordure des rivières. Cette abondance de peupliers attire le castor qui établit son domicile en bordure des rivières, et qui s'alimente de l'écorce tendre du peuplier faux-tremble.

The great rivers (Harricana, Nottaway, Broadback) emptying into James Bay are, of course, fed by smaller, slower rivers, whose brown waters are enriched with organic matter (humic acid, tannins, etc.) and silts. The topography of the plain favours a high water table level, which in turn encourages the dense growth of aspen along the riverbanks. The abundance of these trees often attracts beaver, which build their homes along the rivers and feed on the tender bark of the trembling aspen.

𝓛es territoires nordiques canadiens abritent les plus importantes populations de caribous sauvages de la planète. Parmi les grands troupeaux du Canada, Porcupine (Yukon), Bluenose (TNO), Nunavut continental, celui du nord du Québec demeure le plus important au pays. Sa population qui était de près de quinze mille au début du XXᵉ siècle, est aujourd'hui d'un million d'individus. Les caribous passent l'hiver dans la taïga; le printemps venu, ils se déplacent vers les plateaux toundriques des rivières aux Feuilles et George (zone hémiarctique) pour la naissance des petits. En juillet, ils effectuent de grands déplacements afin de fuir les insectes. Des hardes de cent vingt-cinq mille têtes se déplaçant en un seul groupe ont déjà été observées.

𝓒anada's northern regions are home to the largest populations of wild caribou in the world. The biggest herds in Canada are the Porcupine (Yukon), Bluenose (NWT) and mainland Nunavut herds. The northern Québec herd remains Canada's largest. Its population was nearly 15,000 in the early 20th century, but now stands at a million. Caribou winter in the taiga. When spring arrives, they move to the tundra plateaus of the Aux Feuilles and George Rivers (forest-tundra zone) to calve. In July, they cover vast distances to escape insects. Herds of 125,000 animals moving as one group have been seen.

Jacques Rousseau

Épris de savoir, ce fils spirituel du frère Marie-Victorin a marqué le développement scientifique du Québec, tant par ses contributions à titre de botaniste, d'ethnologue et de géographe, que par sa volonté de diffuser et de vulgariser les connaissances. Véritable esprit universel, sa fascination de découvrir l'a amené à parcourir le Québec sous toutes ses latitudes, non seulement pour y ausculter la diversité du manteau végétal, mais aussi pour révéler les langues et les cultures des Amérindiens montagnais, naskapis, cris ainsi que celles des Inuits.

Collaborateur du frère Marie-Victorin, le botaniste Jacques Rousseau est l'auteur des clés des genres *Astragalus*, *Viola* et *Ceratophyllum*, du grand ouvrage *La Flore laurentienne*. En 1944, à la mort du maître, il devient directeur du Jardin botanique de Montréal, et ce, jusqu'en 1956, année où il quitte pour occuper le poste de premier directeur du Musée de l'Homme à Ottawa. En 1959, las des intrigues intestines, il choisit l'exil. C'est à Paris, au Centre d'études arctiques de la Sorbonne qu'on le retrouve jusqu'en 1962, où il se joint au Centre d'études nordiques à la demande de son fondateur, Louis-Edmond Hamelin, et du recteur de l'Université Laval.

À l'égal d'autres explorateurs qui l'ont fasciné, dont le Suédois Pehr Kalm (1716-1779) et le Canadien Albert Peter Lowe (1861-1942), il a comblé son profond désir de connaissance du pays par ses expéditions dans le Nord québécois de 1944 à 1951. Ses explorations des lacs Mistassini et Albanel, des rivières Georges, Payne, Kagaluk, Korok, des monts Torngat et du cratère du Nouveau-Québec l'ont amené à identifier près d'une soixantaine de nouvelles formes ou variétés connues pour leur caractère rare ou endémique. On lui reconnaît notamment l'identification d'une espèce cordillérienne disjointe d'une très grande rareté, l'agosère des Nascapis (*Agoseris aurantiaca*), uniquement présente dans les monts Otish et dans les Chic-Chocs gaspésiennes. Enfin, huit taxons ont été nommés en l'honneur du botaniste, dont l'antennaire de Rousseau (*Antennaria rousseauii*) et la rose de Rousseau (*Rosa rousseauiorum*).

Au cours de ses expéditions nordiques, sa compréhension de la nature s'éleva au-delà de l'espèce, et devint géographique. Il fut d'ailleurs le premier à esquisser une organisation écologique et spatiale du Nord. En 1952, le phytogéographe définit alors un écotone situé entre la forêt subarctique et la toundra arctique qu'il nomma l'hémiarctique. Néanmoins, le rapport des autochtones avec leur milieu le préoccupe tout autant, c'est ainsi qu'il devint ethnologue. Une partie de ces travaux s'inscrit d'ailleurs dans son abondante bibliographie qui comporte plus de 720 entrées, de volumes, d'articles scientifiques, de conférences, etc.

Homme de science, écrivain, animateur et professeur, Jacques Rousseau était aussi inspiré par une vision politique. Il aimait la confrontation des visions — ses biographes disent de lui qu'il était un révolté et le bagarreur des combats progressistes. Ainsi, au cours des années 1930, il a grandement contribué à la survie de l'Université de Montréal en formant un comité de professeurs, appuyé par le chef de l'opposition de l'époque, Maurice Duplessis. À la même époque, Rousseau met sur pied la première grande association scientifique, l'Association canadienne-française pour l'avancement des sciences. Les dernières années de sa vie, cet être passionné les passa à l'Université Laval dans la compagnie de ses étudiants.

Jacques Rousseau, who is considered the spiritual son of Brother Marie-Victorin, had a great love of knowledge. He marked the scientific development of Québec not only through his contributions as a botanist, ethnologist and geographer, but also through his determination to disseminate knowledge and make it accessible to all. A true Renaissance man, his yearning to discover led him to all parts of Québec to study the diversified plant cover and shed light on the languages and cultures of the Montagnais, Naskapi and Cree Amerindians and the Inuit.

A collaborator of Brother Marie-Victorin, the botanist Jacques Rousseau wrote the keys to the genera *Astragalus*, *Viola* and *Ceratophyllum* in the former's major work *La Flore laurentienne*. When his mentor died in 1944, he became director of the Montréal Botanical Garden, a position he held until 1956, when he was hired as chief executive officer of the National Museum of Man in Ottawa. On account of infighting, however, he decided to leave the country in 1959 to work for the Centre d'études arctiques of the Sorbonne in Paris. He stayed with this organization until 1962, when he joined the Centre d'études nordiques of Université Laval, at the request of its founder Louis-Edmond Hamelin and the university's rector.

Like other explorers who had captured his imagination, including the Swede Pehr Kalm (1716-1779) and the Canadian Albert Peter Lowe (1861-1942), Jacques Rousseau satisfied a deep desire to get to know this country through his expeditions to Northern Québec between 1944 and 1951. While exploring Lakes Mistassini and Albanel, the Georges, Payne, Kagaluk and Korok Rivers, the Torngat Mountains and the Nouveau-Québec Crater, he identified close to 60 new plant varieties and formae known for their rare or endemic nature. For example, he is credited with identifying a type of false dandelion confined to the Otish Mountains and the Chic-Chocs in the Gaspé as a disjunct population of an extremely rare, Cordilleran species, *Agoseris aurantiaca*. In addition, eight taxons have been named after this botanist, including *Antennaria rousseauii* and *Rosa rousseauiorum*.

During his expeditions to the North, Rousseau's understanding of nature transcended the level of the species and became geographic in scope. In fact, he was the first to describe the main features of an ecological and spatial organization of the North. In 1952, this phytogeographer defined an ecotone between the subarctic forest and the arctic tundra, which he called the hemiarctic. However, Rousseau was also interested in the relationship of Aboriginal peoples with their environment and, eventually, he began to do research in ethnology. Some of his work in this field appears in his extensive bibliography, which comprises more than 720 entries, including books, scientific articles, papers, and so forth.

A scientist, writer, leader and professor, Jacques Rousseau was also driven by a political vision. He loved the clash of ideas and, according to his biographers, was a rebel and the champion of progressive causes. In the 1930s, for example, he played an instrumental role in the survival of Université de Montréal by forming a professors' committee, supported by Maurice Duplessis, the head of the Opposition at the time. During the same period, he set up French Canada's first major scientific association, the Association canadienne-française pour l'avancement des sciences. This passionate man spent the last years of his life teaching at Université Laval.

A la fin du jour sur le plateau Ram (Territoires du Nord-Ouest).

Day's end on the Ram Plateau (Northwest Territories).

Plateau Ram (Territoires du Nord-Ouest). C'est dans un immense plateau que la roche calcaire et la dolomie ont été entaillées en d'immenses canyons qui, dans certains cas, font jusqu'à 1300 mètres de profondeur. Du haut des airs, il n'est pas rare d'apercevoir sur les buttes à sommet plat ou sur le versant des crêtes de petits groupes de mouflons de Dall ou de chèvres des montagnes.

Ram Plateau (Northwest Territories). This vast plateau is riven with immense canyons that have been carved out of the limestone and dolomite, to a depth of 1,300 metres in places. From the air, it is not uncommon to spy small groups of Dall's sheep and mountain goats wandering over butte tops and crest slopes.

Les formes érodées du plateau Ram (Territoires du Nord-Ouest) rappellent les formes de terrains d'érosion des déserts du sud-ouest du continent nord-américain.

The eroded aspect of the Ram Plateau (Northwest Territories) is reminiscent of similarly shaped landforms in the deserts of the North American southwest.

Sur la crête d'un des sommets de la chaîne Liard (Territoires du Nord-Ouest) à plus de deux mille mètres d'altitude, des mouflons de Dall se servent de la ligne de crête afin d'accéder aux milieux alpins les plus fournis pour s'alimenter.

On the crest of one of the peaks along the Liard Range (Northwest Territories), at an altitude of over 2,000 m, a few Dall's sheep follow the crest line to reach alpine sites that offer better grazing.

La rivière Nahanni Sud (Territoires du Nord-Ouest) est encaissée pour une bonne partie de son parcours entre les remparts d'impressionnants canyons formés de roche calcaire. Ses eaux limoneuses laiteuses d'origine glaciaire font une culbute fracassante de 91 mètres dans les chutes Virginia. Le caractère exceptionnel de cette chute (deux fois la hauteur des chutes Niagara), la présence de nombreuses espèces fauniques rares tels le faucon pèlerin et le cygne trompette, la présence de phénomènes karstiques uniques (cavernes festonnées de stalactites, dolines) et de sources thermales justifient la désignation de site du patrimoine mondial de l'UNESCO attribuée à la réserve de parc national Nahanni.

Along a good part of its course, the South Nahanni River is enclosed by the ramparts of impressive limestone canyons. These silty glacier-fed waters crash down 91 m when they reach Virginia Falls. The exceptional nature of these falls (twice as high as those at Niagara) is one of the factors—along with the presence of rare species such as the peregrine falcon and the trumpeter swan, unique karstic phenomena (caves, stalactites and dolines) and hot springs— that prompted UNESCO to designate Nahanni National Park as a World Heritage Site.

Sur le plateau Nahanni (Territoires du Nord-Ouest) à plus de neuf cents mètres d'altitude, les versants découpés formés de roches sédimentaires ont échappé à la dernière glaciation wisconsinienne. Ces milieux rocheux sont exposés depuis plus de cent mille ans à l'érosion par le vent et les précipitations, en plus de subir les assauts des perturbations dues aux cycles gel-dégel (activité périglaciaire).

Rising 900 metres to the Nahanni Plateau (Northwest Territories), these deeply indented walls of sedimentary rock escaped the last Wisconsin glaciation. For more than 100,000 years, the rocky environment has been subjected to erosion by wind and precipitation, as well as enduring the disturbances caused by freeze-thaw cycles (periglacial activity).

Alberta
Alberta

Manitoba
Manitoba

Ontario
Ontario

Québec
Quebec

Saskatchewan
Saskatchewan

Terre-Neuve-et-Labrador
*Newfoundland and
Labrador*

Bouclier boréal

Boreal Shield

Chapitre 3 Chapter

La plus grande des zones écologiques du pays, dominée par une forêt à dominance résineuse, se caractérise par une assise rocheuse précambrienne formée il y a plus d'un milliard d'années. Ces très anciennes roches constituent le noyau ou le socle géologique le plus ancien du territoire canadien. Ce noyau est constitué de roches ignées, volcaniques ou métamorphiques qui ont subi des millions d'années de pression et de déformation. Le bouclier laisse paraître à sa surface des roches dures qui ont été polies et

The boreal shield is the country's largest ecological zone, covering nearly 1.8 million km², and its landscape is dominated by forests, generally composed of coniferous tree species. The ecozone's defining characteristic is its underlying bedrock—a Precambrian formation over a billion years old. These very ancient rocks represent the oldest geological basement in Canada. This core is made up of igneous, volcanic and metamorphic rocks that were subjected to pressure and deformation over a period of

L'isolement de la masse d'eau du fjord intérieur Western Brook Pond (parc national Gros Morne, Terre-Neuve) à la suite du soulèvement du continent a transformé ce cours d'eau en un lac intérieur de 16 kilomètres de longueur. La vidange des eaux du lac a été rendue impossible par l'accumulation de débris glaciaires (sédiments glacio-marins) formant un bouchon à l'aval de l'ancien fjord. Ce bouchon, c'est-à-dire un cordon terrestre de deux kilomètres, isole l'ancien fjord des eaux de l'Atlantique.

After the continent uplifted, isolating the land-locked fjord of Western Brook Pond in Newfoundland's Gros Morne National Park, this fjord turned into a land-locked lake 16 kilometres in length. An accumulation of glacial material (glaciomarine sediment) downstream of the ancient fjord formed a barrier that prevented the lake's waters from draining out. Today, this 2-km-long earthen barrier separates the former fjord from the Atlantic Ocean.

érodées par les agents atmosphériques et les glaciations pendant des millions d'années. Il en résulte des coteaux, des collines et des monts de faible altitude (< 1200 m). Dans cet immense territoire de près de 1,8 million de kilomètres carrés, le relief sculpté laisse paraître des formes arrondies couvertes de forêts, des affleurements et une multitude de lacs et de cours d'eau nichés dans les dépressions du bouclier. Le passage de la dernière glaciation du Quaternaire, il y a plus de 10 000 ans, a également laissé dans le paysage du bouclier des manteaux de till glaciaire, des moraines glaciaires et des drumlins, laissés sur place à la suite de la fonte d'une calotte glaciaire de taille continentale de près de deux kilomètres d'épaisseur. La fonte de ce « glacier continental », ou plutôt les eaux de fonte, a entraîné la formation d'eskers, de deltas et de terrasses.

Associée à un climat continental froid, la boréalie canadienne peut être décrite comme une immense mosaïque de peuplements qui se maintiennent à la suite d'événements tels que les incendies de forêts allumés par la foudre, les épidémies d'insectes, le chablis et la récolte de bois. Après de telles perturbations, la plupart des peuplements se régénèrent. D'une part, le peuplier faux-tremble et le peuplier baumier se régénèrent à partir de drageonnement, d'autre part le passage d'un feu ou d'une coupe forestière stimule le retour de la régénération du bouleau à papier. Par ailleurs, le feu permet de libérer les graines des cônes résineux d'épinette noire et de pin gris, qui par la suite germent dans le sol forestier. Enfin, l'évolution des forêts doit être vue comme un cycle dynamique dans lequel les arbres atteignent la maturité dans une période de plus ou moins cent ans, à la suite d'une perturbation majeure.

L'immense forêt boréale canadienne joue un rôle déterminant dans la production d'oxygène, l'absorption et l'emmagasinage du gaz carbonique (CO_2). À ce titre, elle est sujette à jouer un rôle crucial dans l'évolution du réchauffement climatique. En regard des nombreuses ressources de la forêt boréale, le défi des intervenants forestiers des provinces repose sur leurs capacités à maintenir le développement économique des régions tout en assurant la protection de l'environnement forestier, la gestion durable des stocks ligneux et la satisfaction des besoins des utilisateurs, qu'ils soient autochtones, adeptes du plein air ou résidents des régions forestières. Le maintien et le développement des parcs et autres aires protégées représentent également un défi de taille et un engagement. À cet effet, la conservation des aires protégées, de même que la gestion forestière, doivent être harmonisées. ✤

many million years. The surface of the shield is dotted with hard rock outcrops that have been polished and eroded by the atmospheric elements and glaciation over millions of years. These geological factors have shaped a landscape of hills and low-lying mountains (< 1,200 m). This immense ecozone is today constituted by forest-covered, rolling terrain, outcrops and a multitude of lakes, streams and rivers, which fill the shield's many depressions. The last Quaternary glaciation, 10,000 years ago, also left its mark on the boreal shield. The continent-wide ice cap, nearly 2-km-thick in places, deposited glacial till, moraines and drumlins when it began to melt. The meltwater from this retreating continental glacier also left eskers, deltas and terraces in its wake.

With its cold continental climate, Canada's boreal region is a vast mosaic of forests that can survive insect epidemics, windthrows, harvesting by the forest industry and lightning-caused forest fires. Most of these trees are able to regenerate following such disturbances. Trembling aspen do so by sprouting. White birch returns quickly to an area that has been burned or cut. The cones of black spruce and jack pine release their seeds only when they are exposed to the heat of a forest fire. The liberated seeds fall to the ground and germinate in the forest soil. Forests develop in a dynamic cycle, with mature trees being replaced every 100 years or so by major disturbances.

Canada's immense boreal forest makes an important contribution to the production of oxygen and to the absorption and sequestration of carbon dioxide (CO_2). It therefore has a crucial role to play with respect to global warming. Those who are involved in the provinces' forest sectors face the challenge of treating the boreal forest's myriad resources in a way that takes many factors into account. They must see that regional economic development is maintained while protecting the forest environment, promoting sustainable forest management and respecting the needs of users, whether they are Aboriginals, outdoor enthusiasts or people living in the forest areas. Maintaining and developing parks and other protected areas represents another challenge that calls for commitment on the part of the various interests. A way must be found to harmonize forest management and the conservation of protected areas. ✤

*L*a lumière du coucher du soleil découpe la voûte forestière de pins blancs dans une des innombrables baies de la baie Georgienne (Ontario).

A setting sun backlights the canopy of a white pine stand in one of the countless coves and inlets of Georgian Bay (Ontario).

La mertensie maritime colonise la portion supérieure des plages sur des substrats de sable, de gravier ou de galet. Ses feuilles charnues et la pellicule cireuse qui les recouvrent limitent les pertes d'eau dues au vent et à l'exposition au soleil. Ces adaptations et sa forme prostrée lui permettent d'occuper les rivages très froids des côtes de l'Arctique et de l'est du Canada. Celle-ci a été photographiée sur une plage de sable bordant le détroit de Belle Isle, au Labrador.

The oysterleaf colonizes the upper portions of beaches on substrates of sand, gravel or pebbles. Its fleshy leaves with their waxy coating reduce water loss due to wind and sun exposure. These adaptations and its prostrate form allow it to survive on the freezing shores of the Arctic and eastern Canadian coasts. This oysterleaf was photographed on a sandy beach bordering the Strait of Belle Isle in Labrador.

Sur le sommet et les murs d'un piton rocheux de près de cent vingt mètres s'entassent des milliers de résidents estivaux : marmettes de Brünnich, petits pingouins, macareux moines, guillemots à miroir, mouettes tridactyles, grands cormorans, cormorans à aigrettes. Sur le dessus du rocher promontoire Bird Rock, les couples de fous de Bassan élèvent leur unique petit avant d'aller hiverner le long des côtes de l'est et du sud-est des États-Unis. Enfin, le tourbillon d'oiseaux côtiers de Cape St.Mary est de loin le plus grand spectacle ornithologique de toute la province de Terre-Neuve-et-Labrador.

Thousands of summer residents flock to the summit and craggy walls of a rock pillar nearly 120 metres high, including: thick-billed murres, razorbills, Atlantic puffins, black guillemots, black-legged kittiwakes, great cormorants, and double-crested cormorants. From their perch on top of jutting "Bird Rock," northern gannet couples raise their only offspring before leaving to winter on the eastern and southeastern seaboard of the United States. This veritable whirlwind of seabirds at Cape St. Mary is by far the biggest birdwatching event in all the province of Newfoundland and Labrador.

Corridor de rivière parsemé de blocs d'origine glaciaire, forêts d'épinettes noires dans le creux du bassin, landes d'éricacées sur les sommets exposés, tel est le portrait de l'environnement de nombreuses rivières du sud du Labrador.

The environment surrounding many of the rivers in southern Labrador typically features corridors strewn with glacial boulders, black spruce forests at basin bottom, and heath barrens along the exposed peaks.

Enjouées et maîtres du spectacle, les baleines à bosse de Witless Bay (Terre-Neuve) séjournent dans la baie du mois de juin au mois de septembre. Ces mammifères de 25 000 kg sont réputés pour leurs acrobaties. Ils sont capables de bondir hors de l'eau laissant ainsi paraître leurs nageoires pectorales.

Born performers, the playful humpback whales of Witless Bay (Newfoundland) frolic in the bay from June to September. These mammals of 25,000 kg are known for their acrobatics. They are able to leap out of the water, exposing their pectoral fins in the process.

Dans un de ses mouvements d'acrobate marin, la baleine à bosse se plaît à tourner sur elle-même et à agiter ses longues nageoires à la surface de l'eau. Cette baleine, la seule pourvue de longues nageoires pectorales, frappe la surface de l'eau avec ses nageoires blanches afin de rabattre les petits poissons vers elle ou encore il s'agirait d'un moyen pour marquer sa présence.

One of the marine acrobatics of the humpback whale is to swim in circles, moving its long pectoral fins at the surface of the water. This whale—the only one with long pectoral fins—hits the surface of the water with these white fins to gather small fish toward it or announce its presence.

Les falaises de plus de huit cents mètres de la vallée encaissée de Western Brook Pond (parc national Gros Morne, Terre-Neuve) évoquent un passé glaciaire. Il y a plus de dix mille ans, les eaux salées d'un fjord circulaient vers la mer à travers un corridor sinueux de près de dix-huit kilomètres de longueur. Le soulèvement du continent de près de trente mètres au-dessus du niveau de la mer, à la suite de la déglaciation, a conséquemment transformé ce fjord en un lac intérieur. Isolées de la mer, les eaux de cet ancien fjord ont perdu leur salinité pour ensuite être alimentées par les cascades des hauts plateaux toundriques.

In the encased valley of Western Brook Pond in Gros Morne National Park (Newfoundland) cliffs reaching to heights of more than 800 metres evoke the era of glaciers. Over 10,000 years ago, the salt waters of a fjord flowed toward the sea through a winding corridor close to 18 kilometres long. As the continent uplifted following deglaciation by almost 30 metres above sea level, this fjord turned into a land-locked lake. Isolated from the sea, the waters of this ancient fjord lost their salinity as waterfalls originating in high alpine plateaus fed into them.

Quelle joie d'apercevoir cette gracieuse orchidée après des heures de marche dans les sphaignes et les éricacées de la tourbière… C'est lors de sa floraison en juillet qu'il est aisé de reconnaître le calopogon gracieux. Elle forme de petites colonies dans les tourbières de l'Est, de Terre-Neuve à l'Ontario.

What a delight it is to spot this tuberous grass-pink orchid after hours of walking on the sphagnum moss and ericaceous species of the bog. This orchid is readily to be seen during its July blooming season. It forms small colonies in the bogs of eastern Canada, from Newfoundland to Ontario.

La réserve écologique de Cape St. Mary est sans doute un des hauts lieux de la diversité biologique de la province de Terre-Neuve-et-Labrador. Le territoire de la réserve écologique hébergeant plus soixante-dix mille oiseaux nicheurs abrite également une des plus importantes colonies de fous de Bassan en Amérique du Nord. La végétation environnante rappelle les landes des îles Britanniques, d'ailleurs la présence de moutons évoque cette image pastorale. Des espèces d'affinités subarctiques (incluant de nombreuses éricacées) et plusieurs espèces de tourbières dominent les plateaux de ce territoire sauvage de la péninsule d'Avalon.

Cape St. Mary's Ecological Reserve (Newfoundland and Labrador) is without a doubt one of the province's most remarkable sites in terms of biodiversity. It is home to 70,000 breeding birds as well as the largest colony of northern gannets in North America. The surrounding vegetation calls to mind the moors of the British Isles, with sheep completing this pastoral image. Subarctic species (including numerous heath family members) and many bogs species dominate the wild spaces of this part of Avalon Peninsula.

Lawren Stewart Harris

1885-1970

C'est dans une famille ontarienne aisée de Brantford, héritière de la fortune Massey-Harris, que grandit Lawren Harris. Initié à l'art tout enfant, ce n'est que plus tard, à l'Université de Toronto, qu'un professeur remarque son talent et l'encourage à aller étudier en Europe. Après quatre années à Berlin passées à approfondir les techniques picturales, c'est un jeune homme plein d'enthousiasme, doué d'un bon sens de l'organisation et fort avantagé par son indépendance de fortune qui fait aménager à ses frais un édifice torontois où prend place un espace de création destiné à favoriser les échanges et les discussions entre artistes.

Au milieu des années 1910, on voit s'y croiser Tom Thomson, Lawren S. Harris, A.Y Jackson, J.E.H. MacDonald, Frederick H. Varley, Arthur Lismer, Frank H. (Franz) Johnson et Franklin Carmichael qui se reconnaissent une parenté artistique, séduits qu'ils sont tous par les paysages des régions sauvages de l'Ontario. En 1920, trois ans après le décès de leur ami Thomson, ils fondent le Groupe des sept. Cette année-là, leur première exposition commune est vertement critiquée, mais peu à peu leurs œuvres trouvent grâce auprès du public. Jusqu'à sa dissolution, en 1931, le Groupe des sept est un terreau fertile pour des peintres qui ont choisi de raconter le paysage canadien d'une manière unique. Le Groupe des sept et le Groupe des peintres canadiens qui émerge à sa suite ont donné naissance à un véritable art national au sein duquel chaque artiste a poursuivi sa propre voie.

Pour Harris, outre les paysages urbains des classes ouvrières qu'il affectionne, ce sont l'austérité et le dénuement de l'Arctique, des Rocheuses, du nord de l'Ontario et de la côte nord du lac Supérieur qui l'inspirent; ses œuvres magnifient l'austérité qui émane de ces lieux. Dans le tableau intitulé *From the North Shore, Lake Superior* (1923) – reproduit en 1997 sur un timbre de la Société canadienne des postes – transparaît bien cette volonté de dépouillement qui marque fondamentalement le style de Harris. Par son geste, il transforme le littoral, les lacs, les arbres, les montagnes, les glaciers, les nuages, en formes sculpturales simplifiées imposantes et solennelles. Pour lui, la fonction de l'art est de révéler les forces divines de la nature. Cette quête d'essentiel qui l'anime le conduit à l'abstraction au cours des années 1930. En voulant rendre visible le sublime par le chemin de l'harmonie, Harris puise à même le mystique et le sentiment religieux qui l'habitent. À ce titre, il chérit l'utilisation de la polarité jaune bleu, qui, selon les croyances théosophiques auxquelles il adhère, met en rapport l'intelligence et le sentiment religieux.

Souvent critiquée pour sa froideur, la peinture de Harris n'en demeure pas moins majeure, elle a influencé trois générations d'artistes canadiens. Ses paysages et quelques-uns de ses tableaux abstraits sont devenus de véritables emblèmes de l'art canadien. En Ontario, pour souligner la valeur de son œuvre, un lac a été nommé à sa mémoire, tandis qu'ailleurs au pays, plusieurs désignations géographiques commémorent les artistes du Groupe des sept.

Lawren Harris, born in Brantford, grew up in an affluent Ontario family whose wealth was derived from its partnership in Massey Harris Company. Although Harris was drawn to art from an early age, it was only later, when he was a student at the University of Toronto, that a professor noticed his talent and encouraged him to study in Europe. After four years of perfecting his pictorial technique in Berlin, Harris returned to Canada. He was an enthusiastic young man with good organizational skills, and his personal fortune gave him the means to convert a Toronto building into a creative space where artists were free to exchange ideas and discuss them.

It was here, in the mid 1910s, that Harris was joined by Tom Thompson, A.Y. Jackson, J.E.H. MacDonald, Frederick Varley, Arthur Lismer, Frank H. (Franz) Johnson and Franklin Carmichael, all of whom felt a certain artistic kinship, based in part on a love of Ontario's wilderness landscapes. In 1920, three years after the death of their friend Thompson, these artists founded the Group of Seven. Their first group exhibition the same year was roundly criticized, but little by little their work began to gain the public's favour. Up until its disbanding in 1931, the Group of Seven was a fountainhead of inspiration for painters intent on depicting the Canadian landscape according to an original approach. The Group of Seven, along with the Canadian Group of Painters, their successors, brought into being a truly national art that nevertheless allowed artists to follow their individual paths.

Although drawn to urban landscapes in working-class neighbourhoods, Harris was above all inspired by the sombre, barren expanses of the Arctic, the Rockies, Northern Ontario and the northern shore of Lake Superior. His work exults in the austere grandeur of these places. The pared-down style that marks Harris's work is very evident in the painting entitled *From the North Shore, Lake Superior* (1923), which was reproduced on a stamp issued by Canada Post in 1997. His gestures transformed lakes, shores, trees, mountains, glaciers and clouds into simplified sculptural forms that are both imposing and solemn. For Harris, the purpose of art was to reveal the divine forces at work in nature. His search for the essential led him to explore abstraction in the 1930s. For Harris, seeking to express his deep religious feelings and mysticism, the sublime could be made visible through the harmony of his painting. His use of blues and yellows is a reflection of his theosophical beliefs, according to which, the polarity of these two colors parallels the relation between the intellect and religious feeling.

Although Harris' work has often been criticized as cold, he is recognized as a major painter who influenced three generations of Canadian artists. His landscapes and some of his abstract paintings have become true emblems of Canadian art. In Ontario, the importance of his work is commemorated by a lake named after him, while elsewhere in the country, several geographical place names honour artists in the Group of Seven.

Les formes sculptées, le caractère asymétrique et la hardiesse des pins trapus croissant directement sur le roc fascinaient les peintres Tom Thomson, Arthur Lismer et A.J. Casson qui ont donné aux pins blancs et aux pins gris de la baie Georgienne un air de bravoure. D'ailleurs leur représentation de ces pins est généralement accompagnée d'un ciel tourmenté. La rusticité des pins dans le parc national des îles-de-la-Baie-Georgienne tient davantage à leur résistance à la sécheresse et surtout à leur tolérance au feu. Par ailleurs, le feu a pour effet de favoriser l'éclosion des cônes enduits de résine (sérotineux), et par conséquent favoriser la dispersion des graines.

The sculpted forms, asymmetry and hardiness of runty pines growing directly on rock fascinated painters Tom Thomson, Arthur Lismer and A.J. Casson, who depicted Georgian Bay's white and jack pines as brave survivors. Their works generally portray these pines under swirling skies. The rough-hewn look of the pines in Georgian Bay Islands National Park stems from their ability to withstand not only dry spells but also, and above all, fire. In fact, fire helps their serotinous cones to open, thus furthering seed dispersal.

$\mathcal{L}$es ancêtres des amérindiens Ojibwas se sont installés dans la région du lac Supérieur il y a neuf mille ans. Ils y ont laissé à certains endroits de profondes dépressions dans les plages de galet, qui auraient servi d'abri. Une des marques les plus révélatrices de leur passage est constituée de pictogrammes ou gravures rupestres sur les falaises du rocher Agawa (parc provincial du lac Supérieur, Ontario). Ces dernières relatent des scènes de voyage ou des croyances spirituelles.

$\mathcal{T}$he ancestors of the Ojibwa nation settled in the Lake Superior region in 9,000 B.C. In some places, they left behind deep depressions dug into cobble beaches, which are believed to have served as shelters. One of the most revealing signs of their presence consists in the pictograms and rock paintings on the cliffs of Agawa Rock in Ontario's Lake Superior Provincial Park. These works recount travel scenes and spiritual beliefs.

*U*n des milliers de lacs du parc provincial du lac Supérieur (Ontario) quelques instants après le lever du soleil.

*O*ne of the thousands of lakes in Ontario's Lake Superior Provincial Park a few moments after daybreak.

ℒes vagues du lac Supérieur fouettent le socle rocheux de gneiss et de granite précambrien des rivages depuis des dizaines de milliers d'années. Cette lente érosion des milieux littoraux de même que le passage de quatre glaciations au cours du dernier million d'années se sont traduits par des formes arrondies, des marques de « surcreusement » ou encore un polissage du socle rocheux. Ces effets sont aisément observables en bordure des rives rocheuses du lac Supérieur.

𝒯he waves of Lake Superior have lashed the Precambrian gneiss and granite bedrock of its shores for tens of thousands of years. This slow erosion of shore environments and the passage of four glaciation periods over the last million years have rounded the Canadian Shield bedrock, overdeepening it in places and polishing its rocky surfaces. These traits can be easily observed from the rocky shores of Lake Superior.

La rondeur du relief, le panache des pins blancs, la tonalité rose des granites et blanche des quartzites du parc provincial Killarney sont les thèmes qui ont inspiré quatre peintres du Groupe des sept dans leur représentation du Nord de l'Ontario. En effet, Frank Carmichael, Arthur Lismer, A.Y. Jackson et A.J. Casson ont non seulement accordé une place de premier choix aux espaces sauvages de la baie Georgienne dans leur création picturale inspirée de l'impressionnisme européen, mais ils ont largement contribué à la création du parc. Pour répondre à des demandes des artistes, le gouvernement ontarien crée une première réserve d'aire protégée en 1933. À la suite de pressions continues, l'aire protégée a été agrandie jusqu'à la création du parc en 1964.

In the rolling landscapes, stately white pines, and pink and white-tinted granite and quartzite of Killarney Provincial Park, four painters of the Group of Seven found inspiration for their canvases depicting northern Ontario. Frank Carmichael, Arthur Lismer, A.Y. Jackson and A.J. Casson not only made the wild lands of Georgian Bay the prominent subjects of their Impressionist-influenced paintings, they also played a key role in the creation of the park. Following requests by the artists, the Ontario government created an initial protected area in 1933. Under continuous lobbying, the protected area was expanded until, in 1964, today's park was formally founded.

William Edmond Logan

Né à Montréal, William Edmond Logan traverse l'Atlantique à l'âge de 16 ans pour entreprendre des études de médecine en Écosse, pays d'origine de ses parents. Après un an, il abandonne l'université et entre au service de son oncle à titre de comptable (poste qu'il occupera pendant vingt ans). Employé consciencieux, il ne tardera pas à découvrir toutes les facettes de l'exploitation minière et du commerce des matériaux de construction. Peu enclin aux relations sociales, il travaille sans relâche, prend des leçons de dessin, de langues et de mathématiques, et voyage. En 1831, nommé directeur d'une fonderie de cuivre et d'une houillère du pays de Galles, il s'attache à découvrir les essentielles réserves de charbon. Il explore la région, reportant soigneusement ses observations sur des cartes topographiques, énonçant en parallèle une théorie sur les origines du charbon. Les cartes exceptionnelles de précision qu'il dresse ainsi que ses remarquables collections d'échantillons lui valent bien vite une renommée au pays et ailleurs.

En 1841, à l'invitation de collègues canadiens, il pose sa candidature au poste de géologue de la province du Canada. Son origine canadienne, son expérience et la qualité de ses travaux plaident en sa faveur. En 1842, il devient le premier directeur de la toute nouvelle Commission géologique du Canada dont l'objectif est « de faire une description complète et scientifique des roches, des sols et des minéraux du pays, d'établir des cartes et des diagrammes, de faire des dessins et de recueillir des échantillons ». Un travail colossal l'attend et il ne tarde pas à s'adjoindre des scientifiques de renom, tels le paléontologue Elkanah Billings (1820-1876) et l'influent géologue sir John William Dawson (1820-1899), recteur de l'Université McGill.

Ce travailleur infatigable, véritable virtuose de la cartographie, dirige pendant près de trente ans la Commission, menant de front les nécessaires tâches administratives, les continuelles et fastidieuses représentations pour l'obtention de subsides, la rédaction de rapports et l'exaltant travail sur le terrain. Véritable pionnier en son domaine – on dira de lui qu'il est le père de la géologie au Canada –, Logan est un explorateur acharné. Avec son guide amérindien, il parcourt les régions sauvages, couche sous la tente, se contente d'une nourriture frugale; mal rasé et mal vêtu, il fouille, mesure, note minutieusement et analyse. De Terre-Neuve aux Grands Lacs, ses expéditions l'amènent à comprendre et décrire la structure géologique du territoire canadien, à découvrir des gisements de houille et nombre de formations rocheuses fossilifères dont certaines révèlent, pour la première fois en Amérique au Nord, des traces d'animaux terrestres. Ses cartes, ses collections de roches et de minéraux, ainsi que ses écrits, dont le volumineux ouvrage de référence intitulé *Geology of Canada*, lui valent prix et honneurs. Pour célébrer sa mémoire, le mont Logan (5959 m), le plus haut sommet du pays, rappelle aux Canadiens le passage en ce monde d'un scientifique passionné, sir William Edmond Logan, créé chevalier par la reine en 1856, décédé au pays de Galles à l'âge de 77 ans.

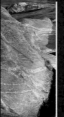

William Edmond Logan, who was born in Montréal, crossed the Atlantic Ocean at the age of 16 to study medicine in Scotland, his parents' country of origin. However, he left university the following year to work as an accountant for his uncle, a position he held for 20 years. A conscientious employee, he soon knew all the ins and outs of the mining industry and the building materials trade. Since he was not very inclined to socialize, he spent his time working, taking drawing, language and math lessons and travelling. In 1831, he was appointed manager of a copper smelting and coal mining establishment in Wales and took it upon himself to find coal deposits for supplying the facility. He explored the surrounding area, carefully recording his observations on topographic maps and elaborating a theory on the origin of coal. He soon won renown in Canada and abroad for his exceptionally accurate maps and outstanding collections of samples.

In 1841, at the invitation of colleagues in Canada, he applied for a job as geologist of the Province of Canada. The fact that he was a native Canadian coupled with his experience and the quality of his work made him an excellent candidate. In 1842, he became the first director of the newly created Geological Survey of Canada, whose goal was to furnish "a full and scientific description of the country's rocks, soils, and minerals, to prepare maps, diagrams, and drawings, and to collect specimens." Logan was faced with a colossal task and soon hired a number of well-known scientists, such as Elkanah Billings (1820-1876), a paleontologist, and Sir John William Dawson (1820-1899), an influential geologist and the rector of McGill University.

A tireless worker and expert cartographer, Logan served as director of the Geological Survey for nearly 30 years, doing all the necessary administration work and the fastidious, never-ending task of searching for grants, in addition to writing reports and undertaking exciting expeditions in the field. A true pioneer in his area of study, he is considered the father of Canadian geology. Logan was also an indefatigable explorer, who travelled the wilderness with his aboriginal guide, sleeping in a tent and eating a frugal diet. Unshaven and scruffily dressed, he excavated, measured, carefully recorded and studied countless samples. His expeditions, which took him from Newfoundland to the Great Lakes, led him to understand and describe the geological structure of Canadian land and to discover coal deposits and numerous fossil-bearing rock formations, some of which yielded traces of land animals for the first time in North America. Logan was awarded a number of prizes and honours for his maps, rock and mineral collections and writings, including his voluminous reference book *Geology of Canada*. Mount Logan (5,959 m), the highest peak in the country, has been named in his memory to remind Canadians of the life of this passionate scientist. Sir William Edmond Logan, who was knighted by the Queen in 1856, passed away in Wales at the age of 77.

*Î*les rocheuses d'un des milliers de lacs de l'Outaouais (Québec). Les roches précambriennes du bouclier canadien (gneiss, granite, anorthosite, etc.) formées il y a plus de neuf cents millions d'années constituent l'assise d'un immense plateau ondulé qui intercepte une bonne partie du Québec, de l'Ontario, de Terre-Neuve-et-Labrador, du nord du Manitoba et de la Saskatchewan et enfin des Territoires du Nord-Ouest. Le relief de cet ensemble de coteaux, collines, monts et de lacs – plus de deux millions – a été adouci par quatre épisodes glaciaires au cours du dernier million d'années.

*R*ocky islands dot one of the countless lakes of Québec's Outaouais region. Formed over 900 million years ago, the Precambrian rocks (gneiss, granite, anorthosite, etc.) of the Canadian Shield are the foundation of a vast rolling plateau that crosses much of Québec, Ontario, Newfoundland and Labrador, northern Manitoba and Saskatchewan, and the Northwest Territories. The relief of this land of knolls, hills, mountains and over two million lakes has been softened by four glaciation periods over the last million years.

L'île René-Levasseur (2000 km²) au cœur du réservoir Manicouagan (Québec) a été formée il y a deux cent dix millions d'années par l'impact d'une météorite. Le mont de Babel est le lieu d'un métamorphisme de choc intense; l'extraordinaire force de l'impact a provoqué le rebondissement du centre du cratère. Compte tenu de la valeur patrimoniale de ce territoire, une réserve écologique et une réserve de biodiversité y ont été créées, assurant la protection permanente de ce site. Un statut d'aire protégée est également attribué à deux autres sites québécois d'impact météoritique : le cratère du Nouveau-Québec dans le parc national des Pingualuit et le projet de parc national des Lacs-Guillaume-Delisle-et-à-l'Eau-Claire.

René-Levasseur Island (2000 km²), located in the heart of Québec's Manicougan Reservoir, was formed 210 million years ago by a meteorite impact. Mont Babel resulted from this cataclysmic transformation, when the extraordinary force created on impact caused the crater centre to heave upwards. Given the site's heritage value, an ecological reserve and a biodiversity reserve have been created to ensure it is protected permanently. Two other Québec meterorite impact sites have also been declared protected areas: the Nouveau-Québec crater in Parc national des Pingualuit and the projected Parc national des Lacs-Guillaume-Delisle-et-à-l'Eau-Claire.

*U*ne des plantes herbacées les plus communes des sous-bois de la forêt boréale,
le cornouillier du Canada fleurit au début de la saison estivale.

*O*ne of the most common herbaceous plants in the boreal forest understorey is the
bunchberry, which blooms in early summer.

Il y a plus de dix mille ans, la fonte des eaux de l'inlandsis laurentidien a entraîné la formation de cours d'eau fluvio-glaciaires, qui se traduisent aujourd'hui par des rivières comblées de matériaux transportés par les eaux de fonte : des sables, des graviers, des blocs rocheux en forme de boule, etc. Les sables et les limons transportés par les eaux de fonte d'alors forment aujourd'hui le lit et les plages des rivières et de plusieurs lacs de la forêt boréale. Dans cette portion de la rivière Mistassini (Québec) le débit de la rivière n'a plus la puissance des cours d'eau fluvio-glaciaires de la période de déglaciation; les sables et limons ont été abandonnés formant ainsi un réseau de chenaux anastamosés.

The melting of the Laurentide ice sheet over 10,000 years ago led to the formation of glacio-fluvial bodies of water, which are now rivers full of material carried by glacial meltwater, including sand, gravel, stone, boulders and more. The sands and silts transported by the meltwater of yore have produced the beds and beaches found today along numerous rivers of lakes in the boreal forest. Along this portion of Québec's Mistassini River, the rate of flow no matches the powerful glacio-fluvial waters that typified the deglaciation period. The sands and silts have settled, forming a series of anastamosing channels.

Parmi les neuf espèces de hiboux et chouettes qui résident ou séjournent dans la réserve nationale de faune de Cap-Tourmente (Québec), la nyctale boréale, un habitant de la grande forêt boréale canadienne, passe l'hiver dans les régions habitées où les rongeurs sont plus abondants. En effet, les battures et les arbustaies bordant la forêt de Cap-Tourmente constituent d'excellents réservoirs de nourriture.

Among the nine species of owls present in Québec's Cap Tourmente National Wildlife Reserve Area, the boreal owl, a resident of the great Canadian boreal forest, winters in inhabited areas where rodents are more abundant. The estuary strands and shrubby groves bordering the Cap Tourmente woodlands are excellent storehouses of food.

Michel Jurdant

Diplômé en foresterie de l'Université catholique de Louvain, Michel Jurdant quitte sa Belgique natale en 1959 pour réaliser son rêve : découvrir les grands espaces du Canada. À la suite de l'obtention d'une maîtrise en foresterie à l'Université Laval, il s'engage dans des études doctorales à l'Université Cornell (1963-1968) au cours desquelles il jette les bases d'une méthode de cartographie écologique du territoire. D'abord mise au point dans la région du Saguenay–Lac-Saint-Jean, cette approche, nommée inventaire du Capital-Nature, vise à dresser l'inventaire écologique d'une région. Une analyse fine des composantes du milieu physique (géologie, géomorphologie, hydrologie, etc.) et de la végétation d'une région permet d'identifier des unités cartographiques qui se distinguent par des composantes biophysiques permanentes de l'environnement, lesquelles sous-tendent les perspectives d'utilisation de l'espace. Cette connaissance permet ainsi d'établir les possibilités de développement les plus conformes au maintien des équilibres écologiques.

Cette approche écologique, inspirée principalement des travaux d'écologistes australiens et canadiens, est présentée comme la base d'un aménagement du territoire polyvalent et intégrateur de tous les usages de l'espace – l'esprit du développement durable avant la lettre. Écologiste à l'emploi d'Environnement Canada, Michel Jurdant va s'intéresser au développement des communautés. Lors de la présentation publique intitulée *Zonage, Liberté et Justice en 1972* – vulgarisation et traduction politique des travaux scientifiques menés au Saguenay–Lac-Saint-Jean –, le scientifique entre dans l'arène de l'écologie sociale. C'est alors, par des échanges publics, qu'il présente aux citoyens les potentiels de développement de leur territoire en matière de foresterie, d'agriculture, de faune, de récréation et de protection du milieu naturel.

En 1973, l'équipe de Michel Jurdant, formée d'une vingtaine de spécialistes, reçoit la mission de dresser l'inventaire écologique de l'immense territoire de la baie James (435 000 km²). Ces travaux ont servi d'assise écologique aux décisions d'aménagement des projets hydro-électriques. Ce savoir et cette expertise uniques mènent l'écologiste en Grèce, où il met sur pied le système de cartographie écologique du pays.

Les écrits des années 1970 confirment les traits du personnage : fougueux, bagarreur, démocrate, généreux et visionnaire. Nourri par les réflexions des René Dumont, Yvan Illich et Philippe Saint-Marc, l'écologiste livre en 1975 ses inquiétudes sur l'énergie, l'environnement et la justice sociale dans le pamphlet *Les Insolences d'un écologiste*. Ce premier manifeste d'écologie appliquée, marqué par des messages provocateurs et des revendications, rappelle les premiers avertissements du Club de Rome sur l'épuisement des ressources. L'auteur réclame une planification écologique de l'espace, la lutte contre le gaspillage, le recyclage, en plus de nous livrer ses visions sur la ville et la ruralité.

Devenu professeur à l'Université Laval et animateur-fondateur du mouvement Les Ami-e-s de la Terre du Québec, il renforce sa contestation et, par la force des choses, devient un leader engagé dans un discours écologiste qui remet en question l'organisation de la société et le modèle productiviste nord-américain. Dans son dernier ouvrage *Le défi écologiste* (1984), il préconise un mode de vie et une pensée écologistes axés sur la diversité (modes de production économique, cultures, etc.), l'autorégulation et l'autonomie des communautés, une baisse de la consommation des ressources et de l'énergie, la sagesse et l'équité. Plus de vingt ans après son décès, la plupart des éléments de son apologie font encore partie des débats sur le développement durable.

Écologiste
Écologist

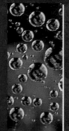

In 1959, after obtaining a degree in forestry at the Université catholique de Louvain, Michel Jurdant left his native Belgium to realize his dream of exploring the vast expanses of Canada. He enrolled at Université Laval, where he earned a master's degree in forestry, and then went on to pursue his doctoral studies at Cornell University (1963-1968), where he laid the foundations of an ecological land mapping system. This system, which he first developed in the Saguenay–Lac-Saint-Jean region, is known as an "inventaire du capital-nature" (or natural capital inventory) and is aimed at producing ecological surveys of entire regions. It involves detailed analysis of the various components of the vegetation and physical environment (geology, geomorphology, hydrology, etc.) of a given region and makes it possible to identify cartographic units characterized by permanent biophysical components of the environment that underpin possible future land use. Such information also makes it possible to determine the development opportunities most compatible with ecological equilibrium.

This ecological approach, derived mainly from the work of Australian and Canadian ecologists, forms the basis of multipurpose land use, which takes all the uses of a region into account. It thus reflected the spirit of sustainable development before the term was even coined. As an ecologist with Environment Canada, Michel Jurdant began to take an interest in community development. In 1972, when he gave a public lecture entitled "Zonage, Liberté et Justice" in an effort to explain the scientific work conducted in the Saguenay–Lac-Saint-Jean in simple, accessible terms and place it in a political perspective, this scientist entered the social ecology arena. Through discussions with the local residents, he described the development potential of their region with respect to forestry, farming, wildlife, recreation and protection of the natural environment.

In 1973, a team of about 20 specialists under the direction of Michel Jurdant was entrusted with conducting an ecological survey of the enormous James Bay area (435 000 km²). Ultimately, this inventory served as the ecological basis for decisions on the construction of hydroelectric facilities. The unique expertise Jurdant acquired in the course of this project led him to Greece, where he devised an ecological mapping system for that country.

Jurdant's writings in the 1970s reflect the character of this fiery, combative, democratic, generous and visionary man. Inspired by the thoughts of René Dumont, Yvan Illich and Philippe Saint-Marc, this ecologist expressed his concerns about energy, the environment and social justice in a polemical work he wrote in 1975 entitled *Les Insolences d'un écologiste*. This first manifesto of applied ecology, with its provocative statements and its demands, is reminiscent of the first warnings by the Club of Rome on resource depletion. The author called for ecological planning of space, recycling and efforts to prevent waste, in addition to presenting his vision of cities and rurality.

As a professor at Université Laval and the leader and founder of Les Ami-e-s de la Terre du Québec, Jurdant grew even more vocal in his protests and, through the force of circumstances, became the committed leader of an ecological movement that called into question the organization of society and North America's productivist model. In his last book, *Le défi écologiste* (1984), he advocated an ecological lifestyle and way of thinking based on diversity (methods of economic production, cultures, etc.), community self-regulation and self-sufficiency, a decrease in energy and resource consumption, wisdom and fairness. More than 20 years after his death, most of the issues he defended are still discussed in debates on sustainable development.

Les eaux torrentielles de la rivière Sautauriski dans le parc national de la Jacques-Cartier (Québec).

The onrushing waters of Rivière Sautauriski in Québec's Parc national de la Jacques-Cartier.

Sapin, bouleau à papier, peuplier faux-tremble et épinette noire dominent le couvert forestier de ces collines du lac Ha ! Ha !, région du Saguenay (Québec).

The forest cover of the hills bordering Lac Ha! Ha! are dominated by balsam fir, black spruce, paper birch and trembling aspen.

Les affrontements entre mâles visent rarement à remettre en question la hiérarchie de la meute qui est généralement formée de quatre à sept membres. Dans ce groupe, le mâle le plus grand et le plus fort assumera le rôle de leader. Les combats entre les autres mâles se feront pour la nourriture ou encore pour le plaisir du jeu. En raison de la modification ou de la perte d'habitat et de la chasse soutenue depuis des décennies, les loups se sont raréfiés dans certaines régions forestières du pays.

Disputes between males rarely threaten the hierarchy of the pack, which is generally composed of four to seven members. The largest and strongest male in the pack will assume the role of leader. Other males will fight for food or simply for amusement. Owing to habitat loss and change as well as decades of sustained hunting pressure, wolves have becoming steadily scarcer in some of Canada's forested zones.

John Stanley Rowe

Né en Alberta, en 1918, d'un père ministre de l'Église Unie du Canada, John Stanley Rowe a reçu sa formation des universités d'Alberta (B.Sc.), du Nebraska (M.Sc.) et du Manitoba (Ph.D.). En 1948, il devient chercheur en foresterie au gouvernement fédéral, puis enseigne l'écologie végétale à l'Université de la Saskatchewan de 1967 à 1985. Puis, il devient professeur émérite. Le chercheur a centré ses intérêts sur l'écologie de la forêt boréale et des prairies. Cet homme qui a marqué l'évolution de l'écologie au Canada a contribué à mettre au point les approches de classification écologique du territoire. De plus, il a dirigé les premiers travaux d'établissement des aires protégées de la Saskatchewan. On peut lui attribuer la sauvegarde du plus grand complexe de dunes au Canada, celui du lac Athabasca. À partir des travaux novateurs de W.E.D. Halliday, l'écologiste a signé, en 1959, l'ouvrage de référence *Les régions forestières du Canada*, qui a été réédité en 1972.

Au cours des années 1980, le scientifique approfondit sa réflexion sur le concept d'écosystème, mais aussi sur la question de la capacité des humains à vivre en harmonie avec l'écosystème global qu'il définit comme l'écosphère, c'est-à-dire la diversité des espèces vivantes incluant l'homme, de même que la matrice inorganique qui soutient la vie. Il rappelle que la diversité des espèces ne peut se perpétuer sans qu'il y ait maintien de l'intégrité des éléments inorganiques de l'écosphère, c'est-à-dire le sol, les sédiments, l'atmosphère, le milieu marin, etc. Pour le philosophe de la conservation, cette vision du rapport de l'homme avec l'écosphère est à la base d'une nécessaire approche « éco-centrique ». La survie du vaisseau terrestre et même de l'espèce humaine ne peut être envisagée qu'avec le respect de l'écosphère, voire une certaine révérence. Dans son essai *Home Place – Essays on Ecology* (2002), Rowe professe que l'enseignement des valeurs de conservation des ressources et de la nature demeure la responsabilité et la mission des parents, des enseignants et des institutions.

À l'instar de plusieurs spécialistes des changements climatiques, l'écologiste est préoccupé par l'impact de la consommation effrénée des combustibles fossiles, mais aussi par la déforestation et la disparition des forêts anciennes. Une gestion forestière plus écologique des forêts boréales de l'hémisphère nord est au cœur des solutions de captage et de limitations des émissions de CO_2. Par ses conférences et ses écrits, l'écologiste attire aussi l'attention des Canadiens sur les risques de destruction auxquels font face les dernières forêts vierges de la boréalie et de la taïga.

Pour l'écologiste qui a offert son soutien à des organismes engagés dans le développement des parcs et des aires protégées, nous ne pourrons assurer leur fonction de conservation des écosystèmes que si l'intégrité de ces derniers est maintenue. Il faudra être vigilant, car les menaces à cette intégrité proviennent le plus souvent des activités qui se déroulent en périphérie des milieux protégés, telles que la pollution diffuse, l'urbanisation, l'utilisation des terres pour l'agriculture intensive, le développement des réseaux routiers, etc. Ennobli par un apostolat s'étendant sur plus de cinquante-cinq années, l'érudit écologiste poursuit sa croisade à partir de son domicile de New Denver, en Colombie-Britannique.

Born in Alberta in 1918, the son of a minister in the United Church of Canada, John Stanley Rowe was educated at the University of Alberta (B.Sc.), University of Nebraska (M.Sc.), and University of Manitoba (Ph.D.). In 1948 he became a federal government forestry researcher and, from 1967 to 1985, taught ecology at the University of Saskatchewan where subsequently he was appointed Professor emeritus. Rowe made landscape ecology the centrepiece of his research both in southern and northern Canada, perfecting ecological approaches to the classification of regions. In addition, he spearheaded early efforts to establish protected areas in Saskatchewan and played a decisive role in the conservation of the Lake Athabasca sand dunes, the largest such complex in Canada. In 1959, following the pioneering lead of W.E.D. Halliday, he authored the reference classic entitled *Forest Regions of Canada*. Reprinted in 1972, this work illustrates the diversity of the country's forests.

During the 1980s, the scientist further developed his thinking on the ecosystem concept and delved deeper into the question of how people might learn to live in harmony with the global ecosystem or Ecosphere—that is, the Living Earth with its entire range of species, including humanity, plus its inorganic matrix. He stressed that biodiversity could not be perpetuated unless the inorganic components of the Ecosphere—namely, soil, sediments, atmosphere, marine environment, etc.—were also maintained. For this philosopher of conservation, such a vision of the relationship of people to the Ecosphere formed the foundations of a necessary "eco-centric" approach. There can be no conceiving the survival of spaceship Earth and its human species in the absence of respect, and indeed reverence for the Ecosphere. In his collection of writings entitled *Home Place: Essays on Ecology* (2002), Rowe asserted that teaching the values of resource and nature conservation is the responsibility of parents, of teachers at all levels of instruction, and of institutions—chief of which are the National Parks.

Like many climate change specialists, this ecologist is concerned not only with the reckless burning of fossil fuels but also with the impact of deforestation and the loss of old-growth forests. In his view, a more ecologically-minded approach to the management of the Northern Hemisphere's boreal forests is central to solutions designed to enhance CO_2 capture and limit greenhouses gas emissions. Through his lectures and writings, Rowe has also awakened Canadians to the risks of destruction facing the Taiga or Boreal Forest, one of the last virgin ecosystems in the Americas.

This esteemed ecologist, who has regularly made his support available to organizations involved in park development in Canada, has given us a message. In essence, it affirms that Parks and Protected Areas will fail to achieve their mission of preserving ecosystems unless steps are taken to maintain their organic/inorganic integrity. Vigilance must be our watchword, as threats to this integrity most often originate in activities occurring on the fringes of protected environments, such as non-point source pollution, urbanization, intensive agricultural land use, and road-building projects. Having sounded the call to action for more than 55 years, this scholarly ecologist now pursues his crusade from his home in New Denver, British Columbia.

𝒞n bordure de la rivière des Outaouais (Québec), la composition du couvert forestier porte les marques du passage d'incendies de forêt cycliques des dernières centaines d'années. Les régions de l'Outaouais et du Témiscamingue sont associées à des conditions climatiques plus sèches qui par ailleurs sont à l'origine des feux plus fréquents. Ces conditions favorisent la régénération du pin blanc, du chêne rouge et du peuplier à grandes dents, qui se reproduit par drageonnement.

𝒪n the shores of the Ottawa River in Québec, the forest cover bears the marks of cyclical forest fires over the last several hundred years. Drier climatic conditions characterize the Outaouais and Témiscamingue regions, and also account for the greater number of fires that have occurred there. These conditions have encouraged the re-establishment of white pine, red oak and largetooth aspen, which reproduce by sprouting.

$\mathcal{L}$es hautes terres des Laurentides (Québec) embrassant le territoire du parc national de la Jacques-Cartier et la réserve faunique des Laurentides représentent pour les skieurs de fond un véritable paradis hivernal. Sur ce vaste plateau dont l'altitude varie de 600 à 1150 m, les chutes de neige annuelles fréquentes peuvent atteindre 500 mm, c'est-à-dire près du tiers des précipitations totales annuelles, qui d'ailleurs sont parmi les plus élevées de l'est du Canada.

$\mathcal{T}$he Laurentian Highlands, which encompass Québec's Parc national de la Jacques-Cartier and Réserve faunique des Laurentides, are a veritable wintertime paradise for cross-country skiers. On this vast plateau, whose elevation ranges from 600 to 1,150 m, annual snowfall can reach 500 mm, or nearly a third of total annual precipitation, which already figures among the highest in eastern Canada.

À la limite sud de la grande forêt boréale canadienne, une zone de forêt mixte qui chevauche le centre de l'Ontario et le Québec se distingue par la composition mixte des couverts forestiers. Ces derniers sont formés d'essences de la forêt boréale : sapin, épinette noire, épinette blanche, et d'essences des forêts feuillues du sud du Québec et des Grands Lacs ontariens : érable rouge, érable à sucre, bouleau jaune, pin blanc, pruche. Le lac Lauzon dans la portion méridionale du parc national du Mont-Tremblant (Québec) illustre bien cette diversité forestière.

At the southern edge of the great Canadian boreal forest, a mixed forest zone straddling central Ontario and Québec stands out for the heterogeneous makeup of its forest cover, which includes boreal species such as balsam fir, black spruce and white spruce, plus deciduous species of southern Québec and Ontario's Great Lakes such as red maple, sugar maple, yellow birch, white pine and Eastern hemlock. Lac Lauzon in the southern part of Québec's Parc national du Mont-Tremblant provides a good example of the area's diverse woodlands.

*É*n bordure du massif des monts Groulx (région de la Côte-Nord, Québec), les forêts vierges d'épinette noire et de sapin s'étendent sur des centaines de kilomètres carrés. Bien que quelques forêts anciennes âgées de près de trois cents ans subsistent encore, le passage cyclique d'épidémies de tordeuse des bourgeons de l'épinette et d'incendies de forêt provoqués par la foudre (cycle de ± 100 ans) renouvelle les couverts forestiers depuis des siècles.

*T*he pristine black spruce and balsam fir forests bordering the Groulx Mountains in Québec's Côte-Nord region cover hundreds of square kilometres. Though a few old-growth forests nearly 300 years old still exist, cyclical spruce budworm epidemics and lightning-caused fires (± 100 year cycle) have renewed the forest cover for centuries.

*C*e gros cervidé des forêts conifériennes et mélangées peut peser jusqu'à 600 kg. Quoique le plus souvent solitaires, les orignaux se regroupent en hiver à l'intérieur d'aires restreintes – les ravages – où la neige est moins épaisse. Dans ces aires, ils s'alimenteront de ramilles de bouleau, de peuplier faux-tremble et de saule, tout en circulant dans des sentiers battus généralement par des groupes de deux à huit bêtes. Dans toute la boréalie canadienne, la prédation par le loup et la chasse contrôlée ont une influence sur les populations. Cependant, il faut noter que les coupes forestières peuvent avoir un effet positif sur l'accroissement des populations, puisqu'elles permettent l'émergence de couverts forestiers dominés par les arbustes et les essences feuillues qui servent de nourriture à l'orignal.

*T*his large cervid resident of Québec's boreal and mixed forests can weigh up to 600 kg. Though usually solitary, moose gather in winter in small open yards, called ravages in Canadian parlance, where snowfall is lighter. In these areas, they feed on paper birch, trembling aspen and willow twigs, travelling in groups of two to eight over well-trod trails. Throughout the Canadian boreal forest, predation by wolves and controlled hunting have produced an impact on moose populations. On the other hand, logging may have had a positive effect on population growth as it promotes the growth of forest cover dominated by shrubs and deciduous tree species, a food source popular with moose.

John Macoun

C'est dès sa tendre enfance, sur la terre familiale nord-irlandaise, que John Macoun se découvre une passion pour la nature et le grand air. C'est aussi tout jeune, déjà sûr de lui et déterminé, qu'il démontre un désir obstiné de réussir. Le succès viendra de ses premières amours pour la nature puisque, devenu naturaliste, il contribuera à faire reculer les frontières de l'histoire naturelle du Canada, son pays d'adoption.

En 1850, la famille Macoun émigre au Haut-Canada et a feu et lieu dans une ferme où John, alors âgé de 19 ans, travaille dans les champs et les bois environnants. À compter de 1856, ayant opté pour l'enseignement, « le Professeur », comme on le surnomme, dédie tous ses temps libres à la botanique et à la constitution d'un herbier. Rapidement, il se révèle comme un spécialiste de la flore de la région de Belleville où il s'est installé. Dès cette époque et toute sa vie durant, il amasse une impressionnante collection qui se chiffrera à quelque 100 000 plantes. Pour ce faire, il multiplie les expéditions de l'Atlantique au Pacifique, en passant par le Yukon, et recueille des spécimens provenant de tous les types d'environnement, se montrant intéressé par toutes les formes du vivant.

S'appuyant sur les nombreux rapports et travaux que Macoun a réalisés et qui démontrent l'ampleur de ses champs de connaissance, le gouvernement lui offre, en 1877, un poste permanent d'explorateur du Nord-Ouest. Quatre ans plus tard, il est nommé botaniste du dominion auprès de la Commission géologique du Canada et emménage à Ottawa. Bien que directeur adjoint de l'organisme, pour lequel il travaillera pendant trente et un ans, il ne délaisse pas pour autant ses travaux sur le terrain, menant une existence fébrile où alternent travaux et voyages. Parallèlement, il se plaît à entretenir une vie sociale brillante au sein des cercles mondains et intellectuels de la capitale. En 1882, à partir de l'importante collection de plantes versée par la Commission géologique, John Macoun fonde l'Herbier national et devient le premier naturaliste du Musée canadien de la nature. Un an plus tard, il commence le catalogue des plantes puis celui des oiseaux du Canada. En plus de son souci de réussite, Macoun poursuit une visée sociale puisqu'il souhaite, en rassemblant des données sur l'histoire naturelle du pays, favoriser la croissance économique et le bien-être de ses concitoyens. Ses connaissances des Prairies nous valent d'ailleurs le tracé de la première ligne de chemin de fer du CPR dans cette région.

Jusqu'à sa mort, en juillet 1920, et malgré la maladie qui l'avait obligé, huit ans plus tôt, à ralentir son rythme de vie, il poursuit sa cueillette de spécimens, entre autres lieux le long de la côte du Pacifique, dans l'île de Vancouver, où il s'est établi. C'est en l'honneur de ce naturaliste, explorateur et collectionneur, à qui on doit la découverte de quelque 1000 espèces de plantes, qu'un grand nombre d'espèces et de sous-espèces seront baptisées.

Botaniste
86
Botanist

When he was just a boy, John Macoun discovered a passion for nature and the outdoors on land owned by his family in Northern Ireland. Already sure of himself and very determined, he also displayed at this tender age a stubborn desire to succeed. Success eventually came from his early love for nature, for after deciding to become a naturalist, he gained renown for helping to roll back the frontiers of natural history in Canada, his country of adoption.

In 1850, the Macoun family emigrated to Upper Canada and settled on a farm. John, who was 19 at the time, worked in the neighbouring woods and fields. As of 1856, "the Professor," as he was called, since he had chosen to take up teaching, devoted every spare moment to botany and developing a herbarium. He soon became an expert on the flora of the Belleville region, where he had made his home. Throughout the rest of his life, he amassed an impressive collection of plants, comprising some 100,000 specimens. For this purpose, he went on numerous expeditions from Atlantic Canada to the Pacific coast and as far north as the Yukon, gathering specimens from all types of environments and taking an interest in all forms of life.

On the basis of his many reports and extensive work, which testified to the scope of his knowledge, the government offered Macoun a permanent position as explorer in the northwest in 1877. Four years later, he was named dominion botanist for the Geological Survey of Canada and moved to Ottawa. Although he served as assistant director of this organization and worked there for 31 years, he did not abandon his field work, but led a very busy life that alternated between work and travel. At the same time, he played a very prominent role in the capital's social and intellectual circles. In 1882, John Macoun founded the National Herbarium with a large collection of plants donated by the Geological Survey of Canada, and he became the first naturalist of the Canadian Museum of Nature. The following year, he began to produce a catalogue of Canadian plants and then one on Canadian birds. In addition to striving for success, Macoun pursued the social goal of furthering economic growth and promoting the well-being of his fellow citizens by gathering information on the country's natural history. His knowledge of the Prairies determined the layout of Canadian Pacific's first rail line in the region.

Up until his death in 1920 and despite health problems that had obliged him to curtail his activities eight years earlier, Macoun continued to collect specimens in various locations, such as the Pacific coast of Vancouver Island, where he had settled. A large number of species and subspecies have been named after this naturalist, explorer and collector, to whom we owe the discovery of some 1,000 species of plants.

Au nord de la localité de Montpellier, dans la région de l'Outaouais (Québec), quelques plateaux de plus haute altitude, qui n'ont jamais été accessibles aux défricheurs du XIXᵉ siècle, abritent encore aujourd'hui des forêts anciennes précoloniales. Dans quelques boisés qui font quelques centaines d'hectares, les érables à sucre, les bouleaux jaune et les hêtres sont immenses, leurs diamètres excèdent souvent cent centimètres. Plusieurs des arbres feuillus de ces forêts vierges ont plus de trois cents ans.

North of the municipality of Montpellier in Québec's Outaouais region, a few remote highland plateaus left untouched by 19th-century clearing continue to harbour pre-colonial old-growth forests. In some woodlands a few hundred hectares in size, the sugar maples, yellow birch and American beech are enormous, with their diameters often exceeding 100 cm. Many of the deciduous trees in these pristine forests are over 300 years old.

Colombie-Britannique
British Columbia

Territoires du Nord-Ouest
Northwest Territories

Yukon
Yukon

Plateaux et Cordillère du Nord-Ouest

Northwest Plateaus and Cordillera

Chapitre 4 Chapter

Les plateaux et la cordillère du nord-ouest du Canada forment une mosaïque écologique complexe et très diversifiée dans laquelle se chevauchent des régions de toundra arctique au nord, des toundras alpines dans les régions montagneuses, et des forêts boréales sur les plateaux et dans les vallées.

Ces grands espaces du Yukon, des Territoires du Nord-Ouest et du nord de la Colombie-Britannique sont parmi les moins peuplés au pays. Une faune abon-

The plateaus and cordillera of the Canadian Northwest form a complex, highly diverse ecological mosaic composed of Arctic tundra in the north, alpine tundra in the mountain regions and boreal forests on the plateaus and in the valleys.

These wide open spaces of the Yukon, Northwest Territories and northern British Columbia are amongst the most sparsely populated regions of

Les montagnes Richardson aperçues de la route Dempster. Cette route de 737 km commencée en 1958 et complétée en 1979 relie Dawson City au Yukon à Inuvik dans les Territoires du Nord-ouest. Elle représente l'une des plus fascinantes routes écotouristiques de l'Amérique du Nord. Les immenses étendues de toundra, de forêt subarctique, de forêt boréale fermée, de tourbières, de vallées verdoyantes et de pics enneigés forment la mosaïque écologique d'un territoire qui s'étend sur quatre degrés de latitude. Il n'est pas étonnant d'y observer quelque cent cinquante espèces d'oiseaux et une faune terrestre représentée par le caribou, l'ours grizzli, le lièvre arctique, le spermophile arctique, le pica à collier, et par la sous-espèce « géante » de l'orignal dont le poids du mâle excède 820 kg!

The Richardson Mountains seen from the Dempster Highway. This 737-km-long road, which was begun in 1958 and finished in 1979, links Dawson City in the Yukon to Inuvik in the Northwest Territories. It is one of the most fascinating ecotourism roads in North America. The vast stretches of tundra, subarctic forest, closed-crown boreal forest, bogs, lush valleys and snow-capped peaks form an ecological mosaic that covers four degrees of latitude. Here, one may observe some 150 species of birds and wildlife such as caribou, grizzly bears, arctic hares, arctic ground squirrels, collared picas and a subspecies of giant moose whose bulls can weigh over 820 kg!

dante de grands et petits mammifères, de même que des paysages qui ont donné leur signature à plusieurs parcs nationaux (Kluane, Ivvavik, Vuntut, au Yukon), provinciaux (Tatshenshini-Alsek en Colombie-Britannique) et territoriaux (Tombstone au Yukon) font de ce territoire un haut lieu mondial d'écotourisme.

Cette rencontre des grands écosystèmes boréaux, subarctiques et arctiques s'exprime par des conditions climatiques subarctiques, ou nettement arctiques par endroits, marquées par des hivers froids (moyenne hivernale inférieure à – 20 °C) et des étés frais (moyenne estivale inférieure à 11 °C). Cette manifestation du froid se traduit dans le sol par la présence du pergélisol continu au nord et du pergélisol discontinu au sud. L'action du gel et du dégel se manifeste par une diversité de formes périglaciaires visibles à la surface du sol (palses, formes de géliflucion, formes de triage, thufurs, etc.). Caractéristique unique de cette zone écologique, des plateaux du nord du Yukon n'ont pas subi les effets de la dernière glaciation au cours de laquelle la presque totalité du Canada était couverte d'un inlandsis continental d'une épaisseur atteignant 3 km. L'absence du passage glaciaire, ayant débuté il y a 100 000 ans jusqu'à il y a 12 000 ans, se traduit par la présence dans le nord du Yukon de plusieurs dizaines d'espèces de plantes reliques, endémiques au nord-ouest du Canada.

Dans les écosystèmes boréaux de cette écozone, le plus souvent dominés par des essences telles que l'épinette blanche, l'épinette noire, le sapin subalpin, le pin tordu latifolié, le peuplier faux-tremble, le bouleau à papier, la faune est d'affinité nettement boréale. C'est le lieu de grands troupeaux de caribous migrants (dont celui de Porcupine), d'orignaux, d'ours noirs et de carcajous. Selon les habitats présents, on peut y observer le faucon gerfaut, le lagopède des saules et le lagopède des rochers. La bernache du Canada, le cygne siffleur et plusieurs espèces de sauvagines habitent les milieux humides des basses terres, notamment celles de la plaine d'Old Crow.

Dans les écosystèmes montagnards, subalpins et alpins des chaînes de montagnes, une faune unique à la cordillère du nord-ouest du pays habite les vallées et les pentes. On y retrouve le mouflon de Dall, la chèvre de montagne, le pica d'Amérique, la marmotte des Rocheuses et le spermophile arctique, et bien sûr le puissant ours grizzli qui dévore indistinctement toute bête plus petite que lui.

Les espaces sauvages sont marqués par de grandes chaînes montagneuses couvertes de toundras, de champs de pierre, de glaciers et,

Canada. This land has become one of the world's premier ecotourism destinations owing to an abundance of large and small mammals, as well as to a variety of landscapes that have become the hallmark of numerous parks on the national (Kluane, Ivvavik and Vuntut in the Yukon), provincial (Tatshenshini-Alsek in British Columbia) and territorial (Tombstone in the Yukon) levels.

This encounter of major boreal, subarctic and Arctic ecosystems results in subarctic and, depending on the area, genuine Arctic climatic conditions, typified by cold winters (average winter temperature of below – 20°C) and cool summers (average summer temperature of below 11°C). The ever-present cold has given rise to continuous permafrost in the north and discontinuous permafrost in the south. The freeze-than cycle has produced an array of periglacial landforms (palsas, gelifluction patterns, patterned ground, hummocks, etc.). In a unique feature of this ecological zone, the northern Yukon plateaus were left unscathed by the last glaciation period (100,000 to 12,000 years before the present), during which virtually all of Canada was covered by a continental ice cap up to 3 km thick. The absence of glaciers in northern Yukon during this period is evidenced by the dozens of species of relic plants that are endemic to the Canadian Northwest.

This ecozone's boreal ecosystems are most often dominated by species such as white spruce, black spruce, subalpine fir, lodgepole pine, trembling aspen and paper birch. They are also home to a diversity of wildlife characteristic of northern climes, including the great herds of migrating caribou (including the Porcupine herd) and sizeable populations of moose, black bears and wolverines. Here, one may also observe gyrfalcons, willow ptarmigans and rock ptarmigans in their natural habitat. The Canada goose, tundra swan and many species of waterfowl live in the lowland wetlands, notably those of Old Crow Plain.

Wildlife unique to the cordillera in northwestern Canada live in the valleys and on the slopes of the montane, subalpine and alpine ecosystems of the mountain chains. Here, one may encounter Dall's sheep, mountain goats, American pikas, hoary marmots, Arctic ground squirrels, and, of course, the mighty grizzly bear, which indiscriminately devours any creature smaller than itself.

The wild spaces are marked by great mountain chains covered in tundra, boulder fields, glaciers and, in some cases, perennial snow. Two of them—the Ogilvie and Richardson ranges—majestically unfold before

dans quelques cas, de neiges éternelles. Deux d'entre elles, les chaînes Ogilvie et Richardson se découvrent aux yeux des voyageurs par un des corridors routiers les plus spectaculaires au Canada, la route Dempster longue de 737 km. Formant le prolongement nord des Rocheuses, les monts Selwyn et Mackenzie, avec leurs pics atteignant plus de 2900 m, sont parmi les chaînes de montagnes les plus accidentées au Canada. Enfin, au sud-ouest du Yukon, la chaîne de montagne St. Elias abrite les plus hautes montagnes au Canada. Plusieurs pics de 4000 m d'altitude émergent des immenses champs de glace couvrant plusieurs centaines de kilomètres carrés. 🍁

the gaze of visitors travelling along one of Canada's most spectacular roads: the 737-km-long Dempster Highway. Forming the Rockies' northernmost tip, the Mackenzie and Selwyn Mountains, whose peaks rise to over 2,900 m in elevation, are among the most rugged ranges in all of Canada. In southwestern Yukon, the St. Elias range boasts Canada's highest mountains. Here, many peaks of over 4,000 m in elevation thrust upwards through immense icefields covering many hundreds of square kilometres. 🍁

L'immense arête granitique du mont Tombstone culmine à une altitude de 2192 m dans la portion méridionale de la chaîne de monts Ogilvie (Yukon).

The gigantic granite peak of Mount Tombstone in the southern Ogilvie Mountains (Yukon) reaches an elevation of 2,192 m.

*U*n tapis de dryades en couleurs d'automne sert d'avant-plan à l'impressionnante vallée de la rivière Klondike Nord, qui illustre bien l'extraordinaire diversité écologique des hautes terres de la chaîne Ogilvie (Yukon).

A tapestry of mountain avens awash in fall colours stands in the foreground of the stunning North Klondike River Valley, thus epitomizing the extraordinary ecological diversity of the Ogilvie Mountain Uplands (Yukon).

*C*ette montagne a été nommée en l'honneur d'un pilote de brousse qui, au cours du milieu du XXe siècle, transportait voyageurs et marchandises vers le nord du Yukon. Le mont Vines, d'une altitude de 1680 mètres, est un des nombreux sommets du nord du Yukon qui a en partie échappé à l'abrasion de l'inlandsis glaciaire wisconsinien (de 100 000 à 12 500 ans avant aujourd'hui). En effet, cette montagne constituée de calcaire et de schiste porte à son sommet des tourelles rocheuses (comparables à des tors) et d'immenses blocs de roche sédimentaire non altérés par un passage d'un glacier.

---

*T*his mountain was named in honour of a bush pilot who flew travellers and goods to northern Yukon in the mid-20th century. With an elevation of 1,680 metres, Mount Vines is one of many northern Yukon peaks that have partially escaped the ravages of the Wisconsin ice sheet that covered the area 100,000 to 12,500 years before the present. At its summit, this limestone and shale mountain is the site of tors, column-like rock structures, and enormous sedimentary blocks left untouched by the movement of glaciers.

ℒes montagnes Richardson (Territoires du Nord-Ouest) constituent l'extension la plus septentrionale de la chaîne continentale des Rocheuses. Formées de roches sédimentaires plissées telles que des schistes, des calcaires et des dolomies, la chaîne des monts Richardson est une des rares régions canadiennes ayant été épargnée des périodes glaciaires de l'ère quaternaire. Une faune et une flore typiques des milieux alpins abondent – on y rencontre notamment le caribou, l'ours grizzli, le mouflon de Dall et un gros écureuil arctique, le spermophile arctique.

𝒯he Richardson Mountains (Northwest Territories) are the most northerly extension of the Rockies continental range. Formed of folded sedimentary rocks like shale, limestone and dolomite, the Richardson Mountain chain is one of the rare Canadian regions that escaped the glaciation periods of the Quaternary era. The region is home to thriving populations of plant and wildlife typical of alpine environments, such as grizzly bears, Dall's sheep and Arctic ground squirrels.

À plus de 2600 mètres d'altitude, un paysage alpin formé de pics, d'arêtes, de lacs proglaciaires et de glaciers de cirque, donne la signature des montagnes Mackenzie qui chevauchent la frontière entre les Territoires du Nord-Ouest et le Yukon. Dans ce territoire de roche sédimentaire hautement métamorphisée, correspondant d'ailleurs au prolongement des Rocheuses, le plus haut sommet des Territoires du Nord-Ouest – le mont Sir James MacBrien – atteint 2764 mètres.

This alpine landscape composed of horns, arêtes, proglacial lakes and cirque glaciers is vividly representative of the Mackenzie Mountains straddling the border between the Northwest Territories and Yukon. In an environment of highly metamorphosed sedimentary rock similar to that of the Rockies, Mount Sir James MacBrien—the highest peak in the Northwest Territories—ascends to an elevation of 2,764 metres.

$\mathcal{E}$n bordure du lac Glacier (Territoires du Nord-Ouest), point de départ des expéditions d'escalade vers l'immense cirque alpin Cirque of the Unclimbables, s'élèvent des crêtes de roches métamorphiques couvertes de mousses et de lichens.

$\mathcal{R}$idges of moss- and lichen-covered metamorphic rock rise skyward from the edge of Glacier Lake (Northwest Territories), a launch point for mountaineering expeditions to the immense alpine Cirque of the Unclimbables.

À la latitude du cercle arctique (66° 33' Nord) au Yukon, les paysages de toundra arbustive et herbacée dominent. Sur de vastes plateaux et sommets arrondis, une couverture végétale enchevêtrée est formée de bouleaux glanduleux, saules arctiques, dryades, cassiopées, lédons, arctostaphyles, etc. Ces plateaux sont visités annuellement par des caribous de la harde Porcupine (150 000 individus), qui, à la suite de la période de mise bas estivale dans les versants verdoyants du nord du Yukon et de l'Alaska, migrent au sud vers les régions boisées du Yukon pour y passer l'hiver.

*H*erbaceous and shrubby tundra thrive at the latitude of the Arctic Circle (66° 33' North) in the Yukon. Tangled tundra vegetation of dwarf birches, Arctic willows, mountain avens, arctic heather, Labrador tea, bearberry and more cover the vast plateaus and knolls. Each year, these plateaus are visited by caribou from the Porcupine herd (150,000 individuals), who migrate south to winter in the forested regions of the Yukon after the summer calving period spent on the lush slopes of northern Alaska and Yukon.

Le nom anglais de cette plante herbacée, *Fireweed*, est évocateur de son origine naturelle : le feu de forêt. En effet, après le passage d'un incendie de forêt, l'épilobe à feuilles étroites est une des premières plantes à envahir le sol carbonisé. Dans un boisé de peuplier faux-tremble du parc national de Kluane, les épilobes embellissent le sous-bois.

The name of this forest forb—fireweed—is evocative of one of the main natural conditions surrounding its emergence and growth—namely, forest fires. Fireweed is one of the very first plants to colonize a burned-over area. The flowering fireweed shown here enlivens the understorey of a trembling aspen grove in Kluane National Park.

𝓑osquet d'épinettes blanches dans les terres subarctiques de la plaine Eagle (Yukon).

𝒜 white spruce grove in the subarctic lands of Eagle Plain (Yukon).

Mosaïque de toundra au cours des premiers jours de septembre (Yukon).

A tundra mosaic in early September (Yukon).

Arctostaphyle alpine – monts Tombstone (Yukon).

Alpine bearberry, Tombstone Mountains (Yukon).

Rivière Yukon à proximité de Dawson City (Yukon).

View of the Yukon River near Dawson City (Yukon).

Charles Richard *Harington*

1933

Albertain d'origine, Ontarien d'adoption, Nordique par passion, Charles Richard Harington est habité par la paléontologie de l'Arctique depuis le début de sa carrière. Après des études à l'Université McGill de Montréal, il travaille pour une compagnie albertaine de géophysique puis, à la fin des années 1950, pour l'Arctic Institute of North America à Ottawa. Dès lors et jusqu'en 1965, il mène annuellement une expédition dans les îles de l'Arctique, dont celle d'Ellesmere. Au cours de cette période, embauché comme biologiste par le Service canadien de la faune, il se spécialise dans l'étude de l'ours blanc et du bœuf musqué et donne des conférences. En 1965 les autorités du Musée canadien de la nature (alors Musée national des sciences naturelles) l'invitent à se joindre à l'équipe de l'institution à titre de conservateur de la zoologie du Quaternaire. Pendant plus de trente ans, il y mène une carrière qui fait de lui une sommité en matière de paléontologie de l'ère glaciaire, lui conférant le titre de spécialiste de la vie et de l'évolution des mammifères ayant vécu il y a de cela 10 000 à 100 000 ans au Yukon, dans les Territoires du Nord-Ouest et en Alaska. Son travail l'amène également à approfondir le phénomène des changements climatiques. Dans cette foulée, il dirige, de 1977 à 1990, le Climatic Change Project et préside, de 1985 à 1990, le Canadian Committee on Climatic Fluctuations and Man. Bien que retraité officiellement du Musée canadien de la nature depuis 1998, il poursuit une carrière de chercheur associé, toujours soucieux de partager ses connaissances et sa passion pour la paléontologie.

Parmi ses nombreux apports au monde scientifique, il a doté le Musée canadien de la nature d'une imposante collection d'ossements de mammifères du Quaternaire. À compter de 1965, pour pallier la pauvreté de la collection du Musée en ce domaine, Harington mène de nombreuses expéditions sur les riches sites du Yukon. Armé d'un zèle patient et tranquille, il extrait de la boue des centaines d'ossements : bison à grosses cornes, castor géant, cheval sauvage, chameau, lion, antilope des steppes, qu'il étudie et classifie. Un jour, une découverte rare est au rendez-vous : un squelette quasi complet du formidable mammouth laineux, un animal qui pouvait atteindre jusqu'à trois mètres de haut. Aiguillonné sur la piste par des prospecteurs miniers, inspiré par une légende indienne rapportée par les Vuntut Gwitchin d'Old Crow, assisté de Peter Lord, un habitant de la région, il découvre ce squelette remonté à la surface près des falaises longeant les rivières Old Crow et Porcupine, dans le nord du Yukon, à un endroit où ces cours d'eau traversent le lit d'anciens lacs glaciaires.

Au cours de sa carrière, Harington a publié plus d'une centaine d'écrits scientifiques et quelque 125 articles grand public traitant des mammifères disparus, des changements climatiques et de la vie des animaux arctiques et alpins contemporains.

A native Albertan, an Ontarian by adoption and a true lover of the North, Charles Richard Harington has devoted himself to arctic paleontology since the beginning of his career. After studying at McGill University in Montréal, he worked for an Alberta geophysics firm and, in the late 1950s, for the Arctic Institute of North America in Ottawa. Then, every year until 1965, he led an expedition to the Arctic Archipelago, including Ellesmere Island, while working as a biologist for the Canadian Wildlife Service. During that period, he specialized in the study of the polar bear and the muskox and gave lectures. In 1965, the administrators of the Canadian Museum of Nature (then the National Museum of Natural Sciences) asked him to join the institution as curator of Quaternary zoology. He pursued a career at the museum for over 30 years, becoming a leading expert in Ice Age paleontology, specifically the life and evolution of mammals that inhabited the Yukon, the Northwest Territories and Alaska 10,000 to 100,000 years ago. Harington's work also led him to explore the phenomenon of climate change, and, owing to the expertise he acquired in this area, he became director of the Climatic Change Project from 1977 to 1990 and chair of the Canadian Committee on Climatic Fluctuations and Man from 1985 to 1990. Even though he officially retired from the Canadian Museum of Nature in 1998, he has continued to work for this institution as an associate researcher, ever eager to share his knowledge and love for paleontology.

Among his many contributions to the scientific world, Harington donated a large collection of Quaternary mammal bones to the Canadian Museum of Nature. Beginning in 1965, he led numerous expeditions to rich sites in the Yukon to build up the Museum's still rather limited collection of specimens from this period. With patient, quiet zeal, he extracted hundreds of bones from the mud—long-horned bison, giant beaver, wild horse, camel, lion, and saiga antelope—and studied and classified them. One day, he made a rare discovery in the form of an almost complete skeleton of the formidable woolly mammoth, an animal that could reach three metres in height. He found this skeleton with the help of Peter Lord, a local inhabitant, and thanks to information gathered from mining prospectors and a legend told by members of the Vuntut Gwitchin First Nation in Old Crow. The bones were lying on the surface of the ground, near cliffs bordering the Old Crow and Porcupine Rivers in northern Yukon, at a spot where these rivers crossed the beds of old glacial lakes.

In the course of his career, Harington published over 100 scientific works as well as some 125 articles for the general public on extinct mammals, climate change and the life of modern-day arctic and alpine animals.

Lors de la dernière glaciation, la vallée de la rivière Blackstone (Yukon) a été envahie par une calotte glaciaire locale. Le travail de ce glacier s'exprime par le relief aplani et par la présence de sables et graviers laissés par les eaux de fonte des glaciers. Toutefois, plusieurs pics élevés des monts Ogilvie n'auraient pas été ensevelis par le manteau de glace de plusieurs centaines de mètres d'épaisseur.

The Blackstone River Valley (Yukon) was overwhelmed by a local ice cap during the last glaciation. The effects of this glacier are apparent in the flat terrain and in the sand and gravel left by glacial meltwater. However, many high peaks in the Ogilvie Mountains appear to have been left untouched by this ice cover hundreds of metres thick.

Les hautes terres Blackstone (Yukon).

The Blackstone Uplands (Yukon).

Les couleurs d'automne dans les hautes terres Blackstone (Yukon).

Fall colours in the Blackstone Uplands (Yukon).

À moins de 50 km de l'extrémité nord-ouest de la réserve de parc national Nahanni, le gigantesque cirque alpin nommé Cirque of the Unclimbables (Territoires du Nord-Ouest) est entouré de pics sombres de plus de 2700 mètres d'altitude. En dépit de son nom, ce massif de pics aux falaises quasi verticales est un haut lieu mondial d'escalade de haute montagne. La dureté de la roche explique la qualité de ce site d'escalade. Une roche ignée intrusive nommée monzonite forme le massif. Il s'agit d'un ancien magma mi-liquide, mi-solide qui en traversant l'écorce terrestre s'est refroidi lentement pour former une roche cristalline.

Less than 50 kilometres from the northwest edge of Nahanni National Park Reserve, the gigantic alpine cirque known as the Cirque of the Unclimbables (Northwest Territories) is overshadowed by a series of ominous peaks rising to over 2,700 metres in elevation. Despite its name, this ridge of sheer-faced peaks is a world-renowned alpine climbing site, owing in particular to hardness of the rock encountered there. These mountains consist of an intrusive igneous rock called monzonite, a formerly half-liquid, half-solid magma that slowly cooled into crystalline rock as it passed through the earth's crust.

ℒa fonte des premières neiges automnales sur les crêtes des monts Richardson (Territoires du Nord-Ouest) alimente ce ruisseau alpin.

───────────────

𝒯his alpine stream is fed by the meltoff from the first autumn snowfall over the crests of the Richardson Mountains (Northwest Territories).

107

Quoique la marche dans la toundra arbustive puisse être difficile en raison de l'instabilité du terrain bosselé formé de thufurs ou buttes gazonnées créées par l'activité périglaciaire (actions du gel – dégel), la découverte de la vallée Klondike Nord au cœur du parc territorial Tombstone (Yukon) est une expérience extraordinaire. Une randonnée de près de vingt kilomètres donne accès au spectacle des pics acérés des monts Tombstone.

Admittedly, the shrubby tundra environment can make for some difficult walking, due to the earth hummocks formed as the result of periglacial activity (freeze-thaw cycles). Nevertheless, discovering the North Klondike Valley in the heart of Tombstone Territorial Park (Yukon) is an extraordinary experience. An approximately 20-km-long hike leads to a spectacular view of jagged peaks of the Tombstone Mountains.

€n traversant le ruisseau Sheep dans le parc national Kluane (Yukon).

Fording Sheep Creek in Kluane National Park (Yukon).

Plateau de la rivière Blackstone (Yukon) lors d'une fin de journée de septembre.

A view of the Blackstone River Plateau (Yukon) late one September afternoon.

*U*n torrent saisonnier au cœur des monts Richardson (Territoires du Nord-Ouest).

—————————————————

A seasonal torrent in the heart of the Richardson Mountains (Northwest Territories).

Colombie-Britannique
British Columbia

Yukon
Yukon

Pacifique
Pacific

Hymne à la biodiversité, cette zone écologique qui s'étend des régions côtières du sud-ouest de la Colombie-Britannique jusqu'au Yukon, présente une diversité inouïe d'espèces et d'écosystèmes. Évidemment, la diversité du relief et des climats constitue les assises d'une grande variété d'habitats hébergeant toute cette vie. Tout un gradient de productivité biologique s'y observe. Les forêts des régions côtières, formées de huit essences résineuses capables d'atteindre des tailles gigantesques, constituent

The Pacific ecozone is a hymn to biodiversity. This ecozone, which extends from the coastal regions of southwest British Columbia to the Yukon, boasts an unrivalled variety of species and ecosystems. The diversity of its terrain and climate results in a wide range of habitats, sustaining all sorts of life forms. An impressive gradient of biological productivity can be observed here. The coastal forests, where eight species of coniferous trees grow to enormous heights, represent the largest biomass reserves in

Chapitre 5 Chapter

Après des années de débats entre l'industrie forestière, le gouvernement et les environnementalistes à propos de la conservation des forêts anciennes du bassin de la rivière Carmanah (Colombie-Britannique), un parc provincial a été créé en 1990. L'addition des hautes terres de la vallée de la Carmanah et de la vallée de la Walbran s'est finalement traduite par l'établissement du parc provincial Carmanah Walbran en 1995. Ce parc de 164 km², qui protège deux pour cent des forêts anciennes de la province, abrite les plus grandes épinettes de Sitka de la planète. Certains arbres de plus de 800 ans atteignent une hauteur de 95 m! La croissance de cette forêt est nettement exceptionnelle. Sa biomasse (poids de la matière vivante par hectare) est double de celle d'une forêt tropicale.

Years of debate among the forest industry, government and environmentalists concerning the conservation of old-growth forests in the basin of Carmanah River (British Columbia) eventually led to the establishment of a provincial park in 1990. When the Walbran and upper Carmanah valleys were added to this territory in 1995, the area became Carmanah Walbran Provincial Park. Covering 164 km², the park shelters 2% of the province's old-growth forests, including the tallest Sitka spruce in the world. Certain trees are over 800 years old and rise to a height of 95 m. Growth in this forest is truly exceptional. The biomass (weight of living organisms per hectare) in the park is double that found in a tropical forest.

les plus importants réservoirs de biomasse du territoire canadien. Les forêts d'épinettes de Sitka du parc provincial Carmanah–Walbran et celle de douglas taxifoliés, de thuyas géants et de pruches de l'ouest du parc provincial MacMillan représentent en effet de beaux exemples. À l'extrémité du gradient on remarque les plateaux toundriques des hautes montagnes et enfin les neiges éternelles au-delà de 2400 m.

La diversité du relief et des formes de terrain est frappante. Le territoire est une mosaïque de longs versants forestiers, de pics enneigés entourés de glaciers et de champs de glace (atteignant 2000 à 3000 m), de fjords grandioses, de vallées profondes, et enfin de basses terres bordant le pourtour de l'île de Vancouver, des îles de la Reine-Charlotte et le fleuve Fraser. L'extrémité nord de la zone écologique abrite les plus hautes montagnes du Canada. Constituante de la chaîne St. Elias, la région immédiate du mont Logan – la plus haute montagne du pays (5959 m) – compte plus de dix pics de plus de 4000 m d'altitude. Dans cette région maritime très neigeuse, les précipitations exceptionnelles atteignant jusqu'à 3500 mm par année alimentent les plus grands champs de glace non polaires de la planète.

La luxuriance des milieux forestiers des versants de l'île de Vancouver, des îles de la Reine-Charlotte et de la chaîne côtière est imputable à un climat maritime doux (température annuelle moyenne inférieure à 9 °C) et humide où les précipitations annuelles sont les plus élevées au Canada, variant de 1500 mm à 4000 mm. De telles conditions assurent le maintien d'essences thermophiles qui croissent uniquement dans cette zone écologique : mentionnons le pin tordu, le chamaecyparis jaune, le sapin gracieux et l'épinette de Sitka pouvant atteindre 95 m de hauteur. Des essences feuillues, telles que le cornouiller de Nutall, l'aulne rouge, l'arbousier d'Amérique, le chêne de Garry et l'érable à grandes feuilles, sont aussi exclusives à la côte Pacifique.

À l'égal de plusieurs espèces de la flore, plusieurs espèces d'oiseaux n'habitent que cette zone écologique. On reconnaît notamment plusieurs espèces des milieux côtiers telles l'huîtrier de Bachman, le macareux huppé et la chouette tachetée, qui porte le statut d'espèce menacée. Le maintien de ce rapace nocturne repose sur la disponibilité d'un habitat dans lequel sa proie principale abonde. Dans les forêts anciennes du Sud-Ouest, la chouette qui occupe un territoire de 32 km² se nourrit de 200 grands polatouches par année.

Canada. Excellent examples of this type of environment are the Sitka spruce forest in Carmanah Walbran Provincial Park and the Douglas fir, western redcedar and western hemlock forest in MacMillan Provincial Park. Higher up on the gradient there are tundra plateaus, high mountains and, eventually, the perennial snows at altitudes of over 2,400 m.

The diversity of geographical features and types of terrain is striking. The territory is a mosaic of long forested slopes, snow-capped peaks surrounded by glaciers and icefields (at altitudes of 2,000 to 3,000 m), great fjords and deep valleys, and finally the lowlands along the shores of Vancouver Island, the Queen Charlotte Islands and the Fraser River. The zone's northernmost portion has the highest mountains in Canada. Mount Logan, the country's loftiest summit (5,959 m) and part of the St. Elias mountain range, stands in the vicinity of over 10 peaks that exceed 4,000 m in elevation. Precipitations in this snowy maritime region can amount to as much as 3,500 mm in a year, feeding the largest non-polar icefields in the world.

The lushness of the forested slopes on Vancouver Island, the Queen Charlottes and the coastal mountains is maintained by a mild and humid maritime climate, with an annual average temperature a little below 9°C and the highest precipitation totals in Canada, ranging from 1,500 mm to 4,000 mm per year. Such conditions create the right environment for the thermophile species that grow only in this ecological zone. These species include shore pine, yellow-cedar, amabilis fir and Sitka spruce, which can reach a height of 95 m. Also exclusive to the Pacific Coast are certain broad-leaved tree species such as western flowering dogwood, red alder, arbutus, Garry oak and bigleaf maple.

Like these plant species, numerous bird species are also found only in this ecological zone. The coastal environment is home to black oystercatchers, tufted puffins and several species of murrelets. The California quail favours the ecozone's open ground, as does the spotted owl, which is considered an endangered species. To survive, this nocturnal hunter must have access to habitats in which its main prey, the northern flying squirrel, is plentiful. Spotted owls occupy a 32-km² territory in the old-growth forests of the southwest, living on a diet of some 200 flying squirrels a year.

The ecozone is also home to a great proportion of Canada's mammals—143 of the nation's 196 species are found here. Many of these Pacific mammals are exclusive to the ecozone's coastal region. Examples

Parmi les 196 espèces de mammifères du Canada, 143 habitent en Colombie-Britannique. De ce nombre, plusieurs espèces de mammifères marins se trouvent exclusivement dans les eaux du Pacifique, il faut retenir l'otarie de Steller, l'otarie à fourrure, le globicéphale du Pacifique, la baleine grise de Californie et l'épaulard. Cette diversité biologique exceptionnelle se retrouve aussi chez les poissons. Les cinq espèces de saumons qui naissent dans les eaux des rivières intérieures passent de deux à cinq ans en mer avant de revenir frayer dans les eaux où ils sont nés et enfin mourir épuisés. ❦

include the northern sea lion, the northern fur seal, the Pacific pilot whale, the grey whale and a species of killer whale. The biological diversity of this ecozone is also represented by fish species. There are five species of salmon that hatch in the waters of the interior rivers and subsequently spend two to five years in the sea before returning to the rivers and swimming upstream to their birthplace, where they spawn and then die of exhaustion. ❦

Cowichan Lake au sud-ouest de l'île de Vancouver (Colombie-Britannique). La biodiversité de la province la plus chaude au Canada est inégalée. De la trentaine d'espèces d'arbres présentes, c'est parmi les essences feuillues que des espèces plutôt singulières, exclusives à la côte Pacifique, s'y retrouvent. On y observe notamment : un cornouiller géant, le cornouiller de Nuttall qui atteint 20 m; le plus grand aulne du pays, l'aulne rouge, qui, par son port arborescent, atteint une hauteur de 25 m et un âge de 75 ans; la seule essence feuillue à feuillage persistant au Canada (*semper virens*), l'arbousier d'Amérique dont le port tordu, l'écorce rougeâtre et les feuilles épaisses et lustrées rappellent davantage une essence subtropicale !

Cowichan Lake, in southwest Vancouver Island (British Columbia). Canada's warmest province has no equal when it comes to biodiversity. Over 30 species of trees are found here. The most remarkable of them are deciduous species encountered only on the Pacific Coast. These include a giant dogwood, the Western flowering dogwood, which can grow up to 20 m tall; the country's largest alder, the red alder, which reaches a height of 25 m and can live for up to 75 years; and Canada's only broad-leaved evergreen tree, the arbutus, whose twisted trunk, reddish bark and thick glossy leaves make it look like a tropical tree.

*L*a côte ouest de l'île de Vancouver dans la région de Clayoquot Sound.

*T*he western coastline of Vancouver Island in the area of Clayoquot Sound.

Les mâts héraldiques de Nan Sdins représentent le symbole de ce site du patrimoine mondial de l'UNESCO. Ces mâts et les vestiges des maisons longues de cèdre avoisinantes constituent le noyau du village occupé par les Haidas jusqu'en 1890. Situé dans l'archipel Gwaii Haanas, au sud des îles de la Reine-Charlotte, ce lieu sacré a été jadis occupé en permanence jusqu'au déclin de sa population causé par les épidémies apportées par les Européens. Présent dans l'archipel de la Reine-Charlotte depuis près de dix mille ans, le peuple Haida considère le territoire de Gwaii Haanas comme un des lieux marquants de sa spiritualité et de la vie de ses ancêtres.

The heraldic poles of Nan Sdins have become the symbol of this UNESCO World Heritage Site. These standing poles and the remains of the neighbouring cedar long-houses make up the core of this village, which was inhabited by the Haida until 1890. Located in the Gwaii Haanas Archipelago, south of the Queen Charlotte Islands, this sacred site was once occupied full-time until its population suffered a severe drop-off as the result of epidemics carried by travellers and settlers of European descent. The Haida have been present in the Queen Charlotte Islands for close to 10,000 years and consider the land of Gwaii Haanas to be their spiritual and ancestral home.

Colonie d'otaries de Steller (Colombie-Britannique). Outre l'éléphant de mer, l'otarie de Steller est la plus grande de toutes les espèces de phoques du Canada. Un mâle à maturité peut peser près de 1000 kg et mesurer trois mètres de longueur! Essentiellement grégaires, les otaries forment des colonies sur des îlots rocheux au cours de la saison des amours. Les mâles sont polygames et certains mâles adultes ayant atteint la maturité sexuelle sont entourés d'un harem de plusieurs femelles au centre de la rookerie.

A colony of northern sea lions (British Columbia). Apart from the northern elephant seal, the sea lion is the largest of all the seal species in Canada. A full-grown bull can weigh over 1,000 kg and measure 3 m in length. Gregarious by nature, sea lions gather in colonies on rocky islets during their mating season. The males are polygamous and, at maturity, some of them live surrounded by a harem of several females in the centre of a rookery.

*D*es pitons de roches ignées entourent une baie tranquille des îles de Broken Group, dans la réserve de parc national Pacific Rim (Colommbie-Britannique). Les algues brunes laminales (apparentées aux laminaires de l'Atlantique) sont à la base de toute la biodiversité des fonds rocheux subtidaux. Dans ces fonds, de longs pieds ancrent les algues et, près de la surface, un flotteur retient plusieurs lames flottantes très longues. Une croissance exceptionnelle de 60 cm par jour permet à l'algue d'atteindre une longueur de 20 m ! Toute cette forêt sous-marine abrite d'abondants animaux marins tels que l'étoile de mer, le crabe et la perche. Ce milieu sert aussi d'habitat à la loutre de mer qui, après une quasi-extinction, a été réintroduite dans le nord-ouest de l'île de Vancouver.

*P*innacles of igneous rock guard a tranquil bay in the Broken Group Islands, Pacific Rim National Park Reserve (British Columbia). Giant kelp, a species of brown algae related to Atlantic kelp, constitutes the basis of the whole biodiversity of the subtidal shallows. Kelp is anchored to the rocky bottom by tall stipes that lift it towards the surface, where its long fronds bob about in the waves, held up by round gas floats. Growing at an astonishing rate of 60 cm a day, kelp can reach a length of 20 m. The underwater kelp forest provides a home for numerous sea animals, including sea stars, kelp crabs and kelp perch. The area also provides a habitat for sea otters, which faced extinction before being reintroduced in the northwest sector of Vancouver Island.

David Douglas

Né en Écosse le 25 juin 1799, David Douglas meurt à 35 ans, dans la fleur de l'âge. Une vie fort courte, mais jalonnée de découvertes qui ont marqué à jamais l'histoire de la botanique. Comme nombre de naturalistes passionnés, il fait d'abord ses classes en fréquentant les oiseaux et les plantes, élevant les uns, collectionnant les autres. Dès l'âge de 11 ans, il devient apprenti jardinier, puis jardinier et enfin herborisateur pour l'Horticultural Society de Londres, en 1823.

D'entrée de jeu, son nouvel employeur l'envoie herboriser dans le nord-est des États-Unis. C'est le début d'une série d'explorations qui l'amèneront à arpenter les rives des rivières Niagara, Saskatchewan, Okanagan et Hayes, des fleuves Fraser et Columbia jusqu'à la baie d'Hudson, la côte du Pacifique, les montagnes de l'Alberta, la Californie... Voyageant à pied ou par bateau, escaladant les montagnes avec agilité et audace, défiant les dangers, il n'a de cesse de recueillir des spécimens de plantes et d'animaux tout au long de sa route, notant dans ses calepins des observations de toutes natures. En une décennie, il ramasse une quantité phénoménale de plantes qu'il rapporte ou expédie en Grande-Bretagne. En tout, on dénombre quelque 7000 espèces, dont plusieurs jusque-là inconnues. Ses découvertes, tant botaniques que zoologiques, furent exposées lors de réunions de la Société et publiées dans des périodiques et des ouvrages scientifiques. À 29 ans, ainsi distingué par ses pairs, il était déjà célèbre.

Homme courageux et opiniâtre, il échappe plus d'une fois à la noyade ou survit à des chutes qu'on avait cru mortelles. Les vicissitudes ne le rebutent pas, ni même la demi-cécité qui le frappe au début des années 1830. Il poursuit sa mission. Vif et chaleureux, bien que timide, le botaniste-explorateur est guidé par les marchands de fourrures dont il apprécie le contact agréable depuis ses premiers voyages, et ne tarde pas à être reconnu des Amérindiens qui l'appellent « l'homme aux herbes ».

En 1834, alors qu'il explore l'île d'Hawaï, il fait une chute fatale. David Douglas meurt ainsi, le 12 juillet, victime sans doute de son insatiable curiosité. Mais son nom est à jamais immortalisé puisqu'il est attaché à une cinquantaine d'espèces de plantes et à un conifère, le Douglas taxifolié (*Pseudotsuga menziesii*), baptisé en son honneur. Un honneur de taille, il est vrai, puisqu'il s'agit d'un des plus gros arbres du Canada pouvant atteindre jusqu'à 100 mètres de hauteur et trois mètres de diamètre. Un pic albertain haut de 3235 mètres rappelle aussi sa mémoire.

Botaniste

120

Botanist

Born in Scotland on June 25, 1799, David Douglas died in his prime at the age of 35. His life, though short, was full of discoveries that left an indelible mark on the history of botany. Like many other passionate naturalists, he started learning about nature by watching and raising birds and collecting plants. At age 11, he was hired on as an apprentice gardener, graduated to a gardener's position, and was ultimately appointed as a botanical collector for the Horticultural Society of London in 1823.

From early on, his new employer sent him to botanize in the northeastern United States. This marked the beginning of a series of expeditions that led him to travel from the banks of the Niagara, Saskatchewan, Okanagan, Hayes, Fraser, and Columbia Rivers all the way to Hudson Bay, the Pacific coast, the Alberta mountains, California, and many other points in between. Travelling by foot or by boat, nimbly scaling treacherous mountains, and regularly risking personal harm, he unceasingly collected plant and animal specimens along his way, filling notebook after notebook with observations of all kinds. Within a single decade, he had collected a phenomenal amount of plants, which he brought or had shipped back to Great Britain. In all, he gathered some 7,000 species, a number of which had remained unknown until that time. His botanical and zoological discoveries were exhibited at Society meetings and were made the subject of articles in scientific periodicals and literature. By the age of 29, he had earned the admiration of his peers and even a degree of fame.

This courageous, relentless man escaped drowning more than once and survived falls that for many would have been fatal. Despite the many challenges he faced, and even after becoming partially blind in the 1830s, Douglas never faltered. In spite of his shyness, this energetic and friendly botanist-explorer enjoyed the company of his fur trader guides from the start, and it was not long before the Aboriginal peoples dubbed him "the Grass Man."

On July 12, 1834, while exploring the island of Hawaii, David Douglas fell to his death. He thus no doubt died a victim of his own insatiable curiosity. But his name will live on forever, for the Douglas fir (*Pseudotsuga menziesii*), along with some 50 other species of plants, was christened in his honour. This is a hefty distinction indeed, considering that the Douglas fir is one of Canada's largest trees, and can grow to heights of 100 metres and measure 3 metres in diameter. At 3235 m, Mount Douglas in Alberta also pays homage to this man and his work.

Gigantisme – ce douglas taxifolié de Cathedral Grove, parc provincial MacMillan (Colombie-Britannique) de plus de huit cents ans atteint la taille de 76 m et possède un diamètre de 3 m. Dans les régions côtières de la Colombie-Britannique, d'autres douglas peuvent atteindre la taille de 90 m de hauteur et un âge approchant mille ans. Le plus grand jamais mesuré faisait 115 m! La croissance du douglas est tout aussi exceptionnelle. Au cours des premières centaines années, il peut croître d'un mètre par année. Cette longévité exceptionnelle est en partie imputable à l'épaisseur de l'écorce qui confère une certaine résistance aux incendies de forêt. En effet, les douglas du parc MacMillan appartiennent à deux classes d'âge, l'une de huit cents ans et l'autre de trois cents ans, correspondant à deux épisodes d'incendies connus.

A giant. This 800-year-old Douglas fir in Cathedral Grove, MacMillan Provincial Park (British Columbia), measures 76 m in height and 3 m in diameter. In British Columbia's coastal regions, some Douglas firs can reach heights of 90 m and live to an age of 1,000 years. The largest one ever measured was 115 m tall. Douglas firs are also exceptional in the way they grow. In the initial centuries of a tree's life, growth can be up to one metre a year. The tree's longevity is in part attributable to its very thick bark, which offers a certain resistance to fire. The Douglas firs in MacMillan Provincial Park belong to two age groups, with some being 800 years old while others are 300. Their ages correspond to the dates for two forest fires.

L'exploitant forestier H.R. MacMillan a fait don de la forêt de Cathedral Grove au gouvernement de Colombie-Britannique en 1944. Cette forêt a été désignée parc provincial en 1947 et elle porte aujourd'hui le nom de parc MacMillan. Le couvert forestier est principalement composé d'essences résineuses telles que le douglas taxifolié, le thuya géant et la pruche de l'Ouest.

Well-known forest entrepreneur H. R. MacMillan donated the Cathedral Grove forest to the government of British Columbia in 1944. The forest was designated a provincial park in 1947 and today bears the name MacMillan Park. The forest cover consists mainly of coniferous species such as Douglas fir, western redcedar and western hemlock.

La région de Whistler est un exemple éloquent des écosystèmes de haute montagne des chaînons du Pacifique. Des pics de plus de 3500 m, des versants abrupts, des champs de glace qui coulent dans les eaux turquoises des cours d'eau forment le paysage de ce pays de rêve. Au-delà de 1800 m d'altitude, le milieu alpin laisse voir une végétation diversifiée et colorée. Toutefois les neiges tardives peuvent couvrir le sol jusqu'en juillet. De 900 à 1800 m d'altitude, des essences propres aux zones d'altitude de la Colombie-Britannique forment l'étage subalpin : la pruche subalpine, le sapin gracieux, le sapin subalpin et le pin à blanche écorce.

The area surrounding Whistler is a remarkable example of the high altitude ecosystems of the Pacific ranges. Peaks rising to elevations of more than 3,500 m, steep slopes and icefields flowing into the turquoise water bodies combine to form a kind of dreamscape. Above 1,800 m in altitude, this alpine zone displays a diversified, colourful plantlife. However, snowpack can last practically intact into July. At altitudes of 900 to 1800 m, tree species specific to British Columbia's highlands make up the subalpine zone and include mountain hemlock, ambilis fir, subalpine fir and whitebark fir.

*L*outre de mer, Colombie-Britannique.

*S*ea otter, British Columbia.

*S*aumons roses, rivière Quinsam, Colombie-Britannique.

*P*ink salmon, Quinshame River, British Columbia.

L'immense territoire de Gwaii Haanas dans l'archipel des îles de la Reine-Charlotte représente un des écosystèmes marins et terrestres les plus riches du Canada. Encore aujourd'hui, des recherches en botanique et en entomologie révèlent la présence de nouvelles espèces. Ainsi, l'archipel comporte trois espèces de coccinelles uniques à ce territoire insulaire, de même que sept sous-espèces de mammifères terrestres dont l'existence est uniquement inféo-dée à l'archipel. À ce titre, mentionnons la plus grande sous-espèce d'ours noir de la planète. Enfin le couvert forestier est formé d'épinette de Sitka pouvant atteindre 95 m de hauteur, de pruche de l'Ouest, de cèdre de l'Ouest et d'ar-bres feuillus tels que l'aulne rouge.

The sprawling territory comprising Gwaii Haanas, in the Queen Charlotte Islands, rep-resents one of Canada's richest marine and land ecosystems. Even today, botanical and entomological research continues to turn up new species. For example, the archipelago is home to a fauna encountered nowhere else on Earth, in particular three species of beetles and seven subspecies of terrestrial mammals—including the world's biggest sub-species of black bear. The forest is comprised of Sitka spruce of up to 95 m in height, western hemlock, western redcedar, and deciduous tress such as the red alder.

𝒟es conditions de croissance extraordinaires expliquent la luxuriance de cette forêt située dans une plaine alluviale de l'île Kunghit, située dans la portion méridionale de la réserve de parc national Gwaii Haanas. Des précipitations annuelles de 2000 mm et une température moyenne annuelle de 8 ℃ donnent à ce sous-bois la signature d'un lieu quasi tropical. Des éricacées du genre *Gaultheria* et *Vaccinium*, des ronces du Pacifique, des trèfles du diable, d'abondantes fougères du genre *Blechnum*, *Adiantum* et *Polystichum*, et d'abondantes mousses et hépatiques prédominent dans ce sous-bois.

𝓔xceptional climatic conditions grow a forest of equally exceptional lushness on the alluvial plain of Kunghit Island, located in the southern sector of Gwaii Haanas National Park Reserve. Annual precipitations on the order of 2,000 mm and an annual average temperature of 8°C impart a quasi-tropical character to this understorey, which is dominated by shrubs such as salal, huckleberry, salmonberry and devil's club, an abundance of ferns such as deer, maidenhair and sword ferns, as well as many other mosses and liverworts.

Le milieu côtier de Tofino (Colombie-Britannique). Habitées par une diversité de plantes et d'animaux inégalée, les forêts côtières de la portion occidentale de l'île de Vancouver appartiennent à la zone des forêts tempérées humides. Ces forêts les plus riches sur le plan de la biodiversité, mais aussi au point de vue de la biomasse végétale, abritent les conifères les plus gros et les plus anciens de la planète. Des essences adaptées aux conditions écologiques de la côte ne se trouvent qu'en Colombie-Britannique. Il s'agit du thuya géant, de la pruche de l'Ouest, du pin tordu, du sapin grandissime, du chamaecyparis jaune et de l'épinette de Sitka.

The coastal environment of Tofino (British Columbia). The western side of Vancouver Island belongs to the temperate rain forest zone, and its coastal forests shelter an unrivalled diversity of plants and animals. These forests are exceptionally rich not only in terms of their biodiversity but also with respect to their plant biomass, which includes the largest and oldest coniferous trees on the planet. Species such as western redcedar, western hemlock, shore pine, grand fir, yellowcedar and Sitka spruce are adapted to the ecological conditions of the coast and are found only in British Columbia.

Alberta
Alberta

Colombie-Britannique
British Columbia

Cordillère de l'ouest

Western Cordillera

Chapitre **6** Chapter

*C*omplexité, contrastes et diversité, ces quelques mots résument une variété d'écosystèmes continentaux émergeant entre les prairies de l'Alberta et la chaîne côtière de la Colombie-Britannique. Ce territoire constitué de chaînes de montagnes, de plateaux intérieurs et de plaines a été créé par le soulèvement de la croûte terrestre résultant de la collision entre les plaques tectoniques du Pacifique et celles du continent nord-américain. Il y a 175 millions d'années, le plissement, la compression et la déformation de lits

*C*omplexity, contrast and diversity— these are the qualities that characterize the varied continental ecosystems found in the territory between the Albertan prairies and the coastal mountains of British Columbia. This ecozone, consisting of mountain ranges, interior plateaus and plains, was formed when the earth's crust was thrust upwards by a collision between the Pacific tectonic plate and the North American continental plate. About 175 million years ago, the impact of this collision began to have an

Au cœur du plus vieux parc national canadien, créé en 1885, les points de vue spectaculaires abondent. On remarque notamment, dans le parc de Banff (Alberta), la vallée des dix pics à l'intérieur de laquelle est niché le lac Moraine.

There is no lack of spectacular views in the heart of Banff National Park (Alberta), the oldest park in Canada, established in 1885. Pictured here is the Valley of the Ten Peaks, with Moraine Lake nestled at its centre.

sédimentaires, formés il y a 1,5 million d'années, a débuté, formant ainsi la chaîne Columbia. Par le même processus géologique, la formation des Rocheuses a été amorcée il y a près de 120 millions d'années. L'orogénèse s'est terminée il y a approximativement 45 millions d'années, mettant fin à la formation de tous les chaînons de la cordillère de l'Ouest. Les résultats de cette dynamique tectonique s'exprime aujourd'hui par le profil physiographique suivant : une chaîne côtière bordant le Pacifique, un plateau dans lequel coulent les rivières Fraser et Thompson au centre et, plus à l'est, les montagnes Columbia constituées des chaînons Cariboo, Monashee, Selkirk, Purcell. Enfin, à l'extrémité est, les montagnes Rocheuses s'étendent sur près de 1550 km. Le mont Robson, d'une altitude de 3954 m, constitue le sommet le plus élevé.

Outre le relief montagneux, le centre sud de la zone est occupé par des plaines arides aux allures de prairie et de désert. Les conditions climatiques, résultant d'un assèchement de l'air humide du Pacifique à la suite de son passage dans la chaîne côtière, favorisent le maintien de plantes capables de survivre avec des précipitations de moins de 300 mm par année. On y observe des forêts claires, des graminées abondantes, des bouquets d'armoise et même des cactus. À cela s'ajoute une faune adaptée aux prairies sèches ou aux déserts : le crotale de l'ouest, le courlis à long bec et même une espèce de lézard !

Selon l'altitude et l'abondance des précipitations, les vallées et les versants de montagne sont couverts de l'une ou l'autre des essences suivantes : la pruche de l'ouest, le thuya géant, le pin argenté, le douglas bleu, le pin tordu latifolié et le pin pondera. À l'instar des écosystèmes forestiers de la forêt boréale, les forêts des montagnes ont été renouvelées par le passage du feu; en revanche, le feu facilite la régénération du pin tordu latifolié, du pin ponderosa et du douglas bleu. En s'élevant en altitude, les milieux subalpins deviennent habités par le sapin subalpin et l'épinette d'Engelmann. Par endroits, des dizaines d'espèces herbacées vivaces (lupins, castilléjies, érigérons, etc.) aux fleurs très voyantes forment des prairies subalpines très attrayantes. Plus haut en altitude, au-delà de 2000 m, le randonneur découvre les milieux alpins les plus beaux et les plus riches du pays. Ces jardins de plantes alpines constituent l'habitat des chèvres de montagne, des mouflons d'Amérique et des ours grizzlis. D'autres espèces se retrouvent uniquement dans les milieux de montagnes de la cordillère : mentionnons la marmotte des Rocheuses, le spermophile du Columbia et un passereau peu timide, le geai de Steller.

effect on sedimentary bedrock that had formed over the previous 400 million years. The ensuing folding, compression and deformation gave birth to the Columbia Mountains. A continuation of this geological process triggered the formation of the Rocky Mountains 120 million years ago. This orogeny tapered off about 45 million years ago, when all the ranges in the Western Cordillera had been formed. The outcome of this tectonic movement is seen today in the geographical features of the Cordillera: a coastal range along the Pacific Ocean is bordered to its east by a plateau traversed in its centre by the Fraser and Thompson Rivers; to the east of this plateau are the Columbia Mountains, which include the Caribou, Monashee, Selkirk and Purcell mountain ranges; and, finally, in the easternmost part, the Rocky Mountains extend for almost 1,550 km. Mount Robson, with an altitude of 3,954 m, is the highest summit in this chain.

The ecozone is not entirely mountainous, for its central southern region consists of arid plains, somewhat like a desert or prairie. The region's climate is very dry, since humid air from the Pacific releases its moisture as it rises over the coastal mountains before reaching the plains, and the plants growing here must be able to survive on less than 300 mm of precipitation a year. The vegetation includes open forests, abundant grasses, sagebrush thickets and even cactus. The wildlife in this environment is also adapted to dry prairie or desert conditions; the western rattlesnake, the long-billed curlew and even a sort of lizard make their home here.

The forest cover on the mountain slopes and valleys varies. Depending on altitude and precipitation amounts, the species found here range from western hemlock, western redcedar and western white pine to Rocky Mountain Douglas fir, lodgepole pine and ponderosa pine. Like the forest ecosystems in the boreal forest, those in the mountains also undergo renewal after a forest fire. The regeneration of certain tree species, such as lodgepole pine, ponderosa pine and Rocky Mountain Douglas fir, is actually encouraged by a forest fire. Further up the mountainsides, subalpine environments are colonized by subalpine fir and Englemann spruce. Here and there, dozens of herbaceous perennial species (such as lupine, Indian paintbrush and mountain daisy) fill lovely subalpine meadows with brightly coloured blooms. In higher regions of the mountains, above 2,000 m, hikers find themselves in the richest and finest alpine environments in the country. These alpine gardens provide a habitat for mountain goats, bighorn sheep and grizzly bears. Some animal species are found only in the mountain environments of the Cordillera. These include the hoary marmot, the Columbia ground squirrel and a rather brazen perching bird, Steller's jay.

Ces territoires ont valeur d'icônes du patrimoine naturel national, ils constituent un lieu sacré de protection des écosystèmes de montagne, et ils sont enfin un territoire écotouristique de classe mondiale, le tout confirmé par les statuts de parc national et de parc provincial. Les parcs nationaux Banff, Jasper, Yoho, Kootenay, les parcs provinciaux Mont Robson, Mont Assiniboine et Peter Lougheed forment un territoire de parcs contigus des plus importants au monde, c'est-à-dire 23 000 km² entièrement voués à la protection de la nature. 🍁

These territories have great value as icons of Canada's natural heritage, as a haven devoted to the protection of mountain ecosystems and as a world-class destination for ecotourism. This value is underscored by the many areas within the ecozone that have been designated as national and provincial parks, entirely dedicated to the conservation of nature. Taken together, the national parks of Banff, Jasper, Yoho and Kootenay, along with Mount Robson, Mount Assiniboine and Peter Lougheed Provincial Parks, form a territory of contiguous parks covering an area of 23,000 km², one of the largest such areas in the world. 🍁

Plante typique des prairies subalpines et des pentes rocheuses, la castilléjie (Alberta et Colombie-Britannique) possède de grosses bractées rouges dans lesquelles les fleurs se trouvent.

Indian paintbrush (Alberta and British Columbia) is typically found in subalpine prairies and rocky slopes. The plant is characterized by inflorescence, in which the actual flowers are hidden within large red bracts.

Quelques-uns des pics bordant le champ de glace Columbia (parc national de Banff, Alberta). Au-delà de la limite des arbres, la neige provenant des précipitations de l'hiver perdure en plein été et parfois l'automne lorsqu'elle couvre des cuvettes ou des dépressions à même les pentes. Après l'hiver, les cristaux de glace de la neige se transforment en petites billes de glace qui forment le névé. Dans les conditions topographiques et climatiques les plus propices, un premier noyau de glacier peut naître lorsque les couches de névé s'accumulent sur plusieurs dizaines de mètres d'épaisseur, jusqu'au moment où elles se transforment à l'état de glace pure.

Some of the peaks surrounding the Columbia Icefield (Banff National Park, Alberta). Above the tree line, winter snow remains on the slopes well into summer, and where it has fallen into hollows and depressions it sometimes lasts into the fall. As winter yields to warmer weather, the ice crystals of fallen snow are transformed into tiny grains of ice called névé. When the topographical and climatic conditions are just right, layers of névé accumulate to a depth of several dozen metres and an initial ice core is created. Eventually, the névé is transformed into pure glacier ice.

*L*e parc national de Banff (Alberta), le plus vieux parc au Canada, créé en 1885, est fréquemment représenté par le splendide lac Moraine. Ce lac est encadré par la muraille zigzagante des dix pics qui s'étend sur une largeur de 16 km et une hauteur de plus de 1000 m. Ses eaux sont retenues à la décharge par un barrage naturel de moraine glaciaire constituée de pierres, blocs et limon, déposée lors de la fonte de la calotte en place au cours de la dernière déglaciation.

*B*anff National Park (Alberta), the oldest park in Canada, established in 1885, is often represented by Lake Moraine. This beautiful lake is framed by a jagged rampart of 10 peaks, stretching for 16 km and reaching heights of over 1,000 m. At the lake's discharge, water is retained by a natural dam—a glacial moraine consisting of stones, boulders and silt that were left there when an ice cap in the vicinity melted during the last deglaciation.

*É*spèce pionnière des platières graveleuses et des pentes pierreuses des cordillères de l'ouest, la dryade de Drummond habite les milieux montagnard et subalpin. Cette plante nommée en l'honneur du botaniste anglais Thomas Drummond (1780-1835) peut être localement abondante quand elle occupe des milieux « vierges » non utilisés par d'autres plantes. Toutefois dans l'Est, l'espèce est considérée comme une plante très rare. Elle occupe alors les lits caillouteux calcaires des rivières et des falaises du parc national Forillon, de l'île d'Anticosti et de la réserve de parc national de l'Archipel-de-Mingan, de même que certains milieux alpins de Terre-Neuve. Le fruit de la plante ressemble à une tête sur laquelle des graines, équipées de plumes facilitant la dispersion, sont accrochées.

*F*ound in montane and subalpine environments, yellow mountain avens is a pioneer species that colonizes gravel flats, rocky taluses and stony slopes in the Western Cordillera. Its botanical name, *Dryas drummondii*, honors the English botanist, Thomas Drummond (1780-1835). In the West, it can grow quite thickly if it finds a spot that is not yet used by other species. However, in eastern Canada, it is considered very rare, found only on the cliffs and calcareous gravelly riverbeds of Forillon National Park, Anticosti Island and Mingan Islands National Park Reserve, as well as in certain alpine zones in Newfoundland. The English common name of "pony-tail plant" no doubt derives from the long, fluffy seed capsules that facilitate dispersal.

Bernache du Canada dans un étang des lacs Vermillion, parc national de Banff (Alberta) en janvier. Cette espèce niche dans tout le territoire canadien, y compris dans le bas-Arctique. Elle établit son nid dans les basses terres humides, le plus souvent en bordure de lacs, marais et étangs. Elle hiverne au Mexique et dans les États américains du golfe du Mexique. Plus rarement, quelques individus hardis hivernent dans les régions méridionales du pays, près de plans d'eau qui demeurent libres de glace au cours de l'hiver.

Canada goose in one of the Vermillion Lakes, Banff National Park (Alberta), in January. This species' breeding territory extends throughout Canada, including the Low Arctic. Its nests are built in wet lowlands, usually near lakes, marshes and ponds. The Canada goose winters in Mexico and in U.S. states along the Gulf of Mexico. In rare cases, a few hardy individuals spend winter in the southern regions of Canada, staying near bodies of water that remain free of ice throughout the cold season.

George Mercer  Dawson

George Mercer Dawson baigne dans la géologie dès sa tendre enfance, suivant en cela les traces de son célèbre père, le géologue John William Dawson. Arrivé à Montréal à l'âge de 8 ans, le jeune Dawson multiplie les excursions vouées à l'étude de la nature dans les recoins sauvages qu'offrent encore à l'époque les terrains du collège McGill et le mont Royal. Malgré la maladie qui le frappe tout jeune et qui le handicapera pour la vie, il poursuit des études supérieures et se montre brillant élève. À la Royal School of Mines de Londres, où il étudie de 1869 à 1872, son travail est salué par de nombreux prix.

Au cours d'une carrière qui s'achève prématurément en 1901, George Dawson sera professeur, géologue explorateur, géographe, cartographe, paléontologue, ethnologue, anthropologue, auteur – il est coauteur du premier ouvrage complet traitant de la géographie physique du Canada. Tout l'intéresse, le fascine, le passionne. Plus d'une fois pionnier, on lui doit la découverte des premiers fossiles de dinosaures au Canada alors qu'il effectuait des levés topographiques destinés à délimiter, au sud de l'Alberta et de la Saskatchewan, la frontière canado-américaine du 49ᵉ parallèle. Ses inventaires et ses analyses des ressources naturelles de l'Ouest canadien orientent les activités minières, agricoles et forestières de ces territoires, facilitent la colonisation, encouragent la recherche et le développement des sources de charbon et de pétrole, influent sur la construction du chemin de fer. En 1887, l'expédition d'exploration qu'il dirige au Yukon lui permet de marquer des repères pour la délimitation de la frontière de l'Alaska tandis que ses études sur les graviers aurifères du territoire présagent de la ruée vers l'or des années 1890. C'est d'ailleurs en l'honneur de ce Néo-Écossais d'origine que la prospère ville de Dawson, « la reine du Klondike », est nommée en 1898.

Ses explorations lui donnent aussi l'occasion de découvrir de nouvelles cultures. En 1878, alors qu'il explore l'archipel de la Reine-Charlotte, il rend visite aux indiens Haidas et étudie leur mode de vie. En collectionneur averti, il recueille nombre d'artefacts témoins de cette civilisation – et de plusieurs autres qu'il étudiera au cours des années –, et milite en faveur de la création d'un dépôt national pour la préservation de cette mémoire des peuples.

Tout au long de sa carrière, ses recherches fertiles en succès scientifiques lui valent honneurs, doctorats honorifiques et responsabilités administratives. En 1895, après vingt années à la Commission géologique du Canada, il accède au poste de directeur.

George Mercer Dawson was immersed in geology from his early childhood. In this way, he followed in the footsteps of his well-known father, the geologist John William Dawson. After arriving in Montreal at age eight, young Dawson made many excursions to study the nature of the patches of undeveloped terrain still to be found on the McGill College lands and Mount Royal. Despite an illness that struck him very young and left him handicapped for life, he obtained a higher education and was a brilliant student. He received many prizes in recognition of his efforts at the Royal School of Mines in London, where he studied from 1869 to 1872.

During a career that ended prematurely in 1901, George Dawson became professor, geologist-explorer, geographer, cartographer, paleontologist, ethnologist, anthropologist and author. He was in fact a co-author of the first complete work on the physical geography of Canada. Everything interested him, fascinated him, impassioned him. A pioneer more than once, Dawson was first to discover dinosaur fossils in Canada, a feat he accomplished while conducting the topographic surveys needed to demarcate the Canadian-American border along the 49th parallel, south of Alberta and Saskatchewan. His inventories and analyses of the natural resources of the Canadian West would guide the mining, agricultural and forestry activities there as well as facilitate settlement, encourage investigation and development of coal and petroleum resources and influence railway construction. In 1887, while leading an expedition to explore the Yukon, he placed boundary markers along the border with Alaska, and his studies on the territory's pay gravels anticipated the 1890s gold rush. Indeed, the prosperous city of Dawson, "Queen of the Klondike," was named in honour of this Nova Scotian in 1898.

His explorations also allowed him to discover new cultures. In 1878, while exploring the Queen Charlotte Islands, he visited the Haida, an aboriginal people, and studied their way of life. An accomplished collector, he gathered many artifacts of their civilization and of many others he would study over the years. He also called for the creation of a national repository where the memory of these peoples could be preserved.

Throughout his career, Dawson received awards, honorary doctorates and administrative responsibilities in recognition of his fruitful research and scientific success. After having spent 20 years at the Geological Survey of Canada, he was appointed its director in 1895.

𝒫arker Ridge, parc national de Banff (Alberta). La vallée glaciaire Saskatchewan a été découpée par un des bras de l'inlandsis cordillérien. Depuis la déglaciation il y a approximativement dix mille ans, les eaux de fonte du glacier ont laissé d'épais sédiments proglaciaires dans le fond de cette vallée entaillée en V. Aujourd'hui des eaux froides et limoneuses coulent du front du glacier Saskatchewan situé à moins de dix kilomètres de l'entrée du sentier Parker Ridge.

𝒫arker Ridge, Banff National Park (Alberta). The V-shaped valley of the Saskatchewan Glacier was carved out by one of the branches of the Cordilleran Ice Sheet. When deglaciation occurred 10,000 years ago, glacial meltwater left a thick deposit of proglacial sediments in this valley. Today, cold silty waters flow from the Saskatchewan Glacier front, which lies less than 10 kilometres from the Parker Ridge trailhead.

Plus grégaire et plus gros que son cousin de l'Est, le cerf de Virginie, le cerf mulet aperçu ici dans le parc national des Lacs-Waterton (Alberta) habite une variété d'habitats dans les prairies et les montagnes de la Saskatchewan, de l'Alberta et de la Colombie-Britannique. Comme plusieurs mammifères brouteurs, il habite les prés alpins l'été; et l'hiver, il descend dans les vallées, surtout dans les aires où la couverture de neige est moins importante.

The mule deer seen here in Waterton Lakes National Park (Alberta) is bigger and more gregarious than its Eastern cousin, the white-tailed deer. It lives in a variety of prairie and mountain habitats and is found in Saskatchewan, Alberta and British Columbia. Like many grazing mammals, mule deer frequent alpine meadows in summer and descend into valleys during the winter, seeking places where the snow cover is not too deep.

Espèce sœur de l'érythrone d'Amérique des forêts de l'Est, l'érythrone des glaciers est une plante grégaire qui fleurit alors que les versants des étages subalpins et alpins sont encore couverts de neige. Cette plante qui habite la marge des congères, le lit des ruisseaux ou les versants de toundra humide sert de nourriture aux ours grizzlis au printemps. À l'instar des ours, les autochtones consommaient les bulbes des érythrones après les avoir fait cuire.

A sister species of the trout lily so common in Eastern forests, the glacier lily is a gregarious plant that blooms while the slopes of the subalpine and alpine zones are still blanketed in snow. Found at the edge of snowbanks, in stream beds and on wet tundra slopes, the glacier lily is one of the plants eaten by grizzly bears. In imitation of the bear's example, the aboriginal peoples have also consumed lily rhizomes, which they have cooked beforehand.

Ours grizzli dans un pré subalpin du territoire de Kananaskis (Alberta). Au printemps et à l'été, cet ours des montagnes intérieures habite surtout les milieux subalpins et les milieux alpins. Bien qu'il soit omnivore, il a le plus souvent un comportement de carnivore, il chasse le wapiti, la chèvre de montagne, le mouflon et les petits mammifères. À la sortie de sa tanière au printemps, il s'alimente de rhizomes d'érythrone des glaciers et d'autres plantes printanières.

Grizzly bear in a subalpine meadow in the Kananaskis territory (Alberta). In spring and summer, this bear leaves the interior mountains for alpine and subalpine environments. Although omnivorous, the grizzly very often behaves like a carnivore, hunting American elk, mountain goats, bighorn sheep and small mammals. When the bear comes out of its den in spring, it feeds on the rhizomes of glacier lilies and other early blooming species.

*R*uisseau Flat, parc provincial Peter Lougheed (Alberta). Ce parc a été nommé en l'honneur d'un premier ministre de l'Alberta qui s'est illustré au cours de trois mandats politiques : 1975, 1979, 1982. Le parc fait partie de l'immense territoire récréatif de Kananaskis (4000 km²) qui a été créé pour offrir des activités de récréation aux habitants de la région de Calgary. D'une beauté frappante, ce territoire abrite la biodiversité des milieux terrestres et aquatiques des Rocheuses albertaines.

*F*lat Stream, Peter Lougheed Provincial Park (Alberta). This park was named in honour of the Alberta premier who distinguished himself by leading his party to power three times, in 1975, 1979 and 1982. The park is part of an immense recreational territory covering 4,000 km², where residents in the Calgary region can enjoy outdoor activities. This strikingly beautiful territory is home to the biodiversity characteristic of the terrestrial and aquatic environments found in the Alberta Rocky Mountains.

Les montagnes Rocheuses et Columbia ont acquis leur configuration présente par l'action érosive du passage des inlandsis glaciaires des deux derniers millions d'années et par l'activité périglaciaire contemporaine. Les deux dernières périodes glaciaires, l'une ayant débuté il y a approximativement cinquante-neuf mille ans et l'autre il y a trente mille ans, ont été déterminantes. L'inlandsis cordillérien a alors couvert le territoire d'un manteau de glace de 1000 à 2000 mètres d'épaisseur, pour s'effacer graduellement il y a dix mille ans. La présence de pics acérés témoigne de ce passé glaciaire : c'est notamment le cas du sommet triangulaire du mont Wonder dans le parc provincial du mont Assiniboine (Colombie-Britannique).

The present appearance of the Rocky and Columbia mountains is the result of erosion by glacial ice sheets over the past two million years, as well as periglacial activity, which continues today. The last two glaciation periods—one beginning about 59 000 years ago and the other, 30,000 years ago—played a decisive role. During these periods, the Cordilleran Ice Sheet cloaked the territory with an icy mantle 2 kilometres thick in places. It gradually retreated 10,000 years ago. The sharp peaks of the present-day mountains are evidence of this past glacial activity. An example of such a peak is the triangular summit of Mount Wonder in Mount Assiniboine National Park (British Columbia).

Le parc national des Lacs-Waterton (Alberta) est une des rares aires protégées de l'ouest du Canada où il est aussi aisé d'y observer la transition du grand écosystème de la prairie à l'écosystème montagnard. Ici, les montagnes d'argillite rouge, de quartzite blanche et de dolomie beige protègent un environnement de prairie. Ce parc reconnu comme un des treize sites canadiens du patrimoine mondial de l'UNESCO, constitue avec le parc américain Glacier, le parc international de la Paix. L'amalgame des milieux des prairies, montagnards et alpins fait en sorte que le parc abrite neuf cents espèces de flore. Cette extraordinaire diversité d'espèces végétales représente la moitié de toute la flore de l'Alberta! Une faune aussi diversifiée ajoute à la valeur intrinsèque du parc.

Waterton Lakes National Park (Alberta) is one of the rare protected areas in the Canadian West where it is possible to observe the transition from the vast prairie ecosystem to a montane ecosystem. Where the two meet, the prairie environment is sheltered by mountains of red argillite, white quartzite and beige dolomite. The park is one of the 13 World Heritage Sites recognized by UNESCO in Canada; furthermore, with Glacier Park in the United States it forms the International Peace Park. The combination of prairie, montane and alpine environments is reflected in the extraordinary diversity of the flora found here. The park is home to 900 species of plants, representing half the entire flora of Alberta. The equally diversified wildlife also adds to the park's intrinsic value.

Avant les épisodes des chutes de neige importantes des mois d'hiver, une baie des lacs Vermillion gelée (parc national de Banff, Alberta) bordant le mont Rundle (2998 m) laisse voir la formation des cristaux de neige.

The heavy snowfalls of the winter months are yet to come, but a frozen inlet of Vermillion Lakes (Banff National Park, Alberta), at the foot of Mount Rundle (2,998 m), shows snow crystals forming.

Randonneur en ascension sur la crête d'une moraine latérale laissée par le glacier Vaux lors de son retrait partiel à la fin du XIXᵉ siècle. Ce glacier de cirque est niché à la base d'un des hauts sommets du parc national Glacier (Colombie-Britannique), le mont Sir Donald (3314 m). Ce pic de haute altitude a résisté plus que d'autres à l'érosion et à l'abrasion glaciaire en raison de la dureté de la quartzite, qui forme son socle.

A hiker follows the crest of a lateral moraine left by the Vaux Glacier when it began to retreat at the end of the 19th century. This cirque glacier lies at the foot of Mount Sir Donald (3,314 m), one of the lofty summits in Glacier National Park (British Columbia). This high-altitude peak has resisted the erosion of precipitation and glacial activity better than most mountains because its summit platform is made of hard quartzite.

Trois individus mâles du mouflon d'Amérique en milieu subalpin (Radium, Colombie-Britannique). Dans ces milieux, les mouflons d'Amérique, comme les mouflons de Dall du nord de la Colombie-Britannique et du Yukon, tracent des sentiers en lacet dans les pentes abruptes. Ces sentiers leur servent de voies pour fuir les prédateurs, ou encore ils les empruntent pour accéder à leurs terrains de pâturage. Un peu comme les bœufs musqués, les mouflons utilisent leurs cornes lors des combats de la saison des amours, à la fin de l'automne. D'ailleurs, le rituel du combat s'effectue un peu à la manière des bœufs musqués – les mâles prennent un certain recul de plusieurs mètres pour mieux affronter l'adversaire.

Three male bighorn sheep in a subalpine environment (Radium, British Columbia). Like Dall's sheep in northern British Columbia and the Yukon, bighorn sheep in this zone trace zigzagging paths over steep slopes. They follow these paths to escape predators or to make their way to grazing areas. A little like muskoxen, bighorn rams use their horns in butting contests during the rutting season in late autumn. Their fighting ritual is similar to that of muskoxen as well—two males back off a certain distance before charging at each other.

Fleur de la dryade de Drummond, dans une petite colonie sur la grève caillouteuse de la rivière Kicking Horse (Colombie-Britannique).

Yellow mountain avens flower in a small colony on the gravel flats of Kicking Horse River (British Columbia).

La femelle du mouflon d'Amérique et son petit. Les mouflons ont nettement des habitudes de transhumance. Ils se déplacent dans les milieux alpins au printemps et à l'été alors qu'à l'automne et à l'hiver ils résident dans les vallées. Ces membres de la famille des bovidés (bœufs, moutons, chèvres) possèdent un intérêt manifeste pour les escarpements ou les falaises; ils s'y réfugient pour éviter la prédation par les loups, les ours, les lynx, ou les cougars.

A female bighorn sheep with a lamb. Bighorn sheep follow patterns of transhumance. In spring and summer, they move to alpine zones and, in fall and winter, they live in valleys. These members of the Bovidae family (which also includes cows, sheep and goats) are very much at home on steep slopes and cliffs. There they find safety from predators such as wolves, bears, lynx and cougars.

Bordé d'étangs, de marais et de baies tranquilles, le lac Pyramid (parc national de Jasper, Alberta) abrite plusieurs familles d'orignaux et de wapitis, observables le plus souvent très tôt le matin.

Ringed by ponds, marshes and tranquil coves, Pyramid Lake (Jasper National Park, Alberta) is home to several families of moose and American elk, which can be most readily seen early in the morning.

Mélèzes subalpins en robe d'automne sur le plateau Opabin. La fonte des premières neiges de septembre gonfle les eaux de ce plateau d'altitude (2200 m) du parc national Yoho (Colombie-Britannique).

Subalpine larch in their autumn raiment on the Opabin Plateau. As the first September snow melts, it swells the waters of this high-altitude plateau (2,200 m) in Yoho National Park (British Columbia).

Le sentier menant au col Balu (parc national Glacier, Colombie-Britannique) est une belle illustration du gradient écologique des écosystèmes des montagnes Selkirk. Il entre dans une forêt de pruches subalpines et d'épinettes d'Engelmann, pour s'ouvrir sur une aulnaie couvrant de gigantesques talus d'avalanches. Enfin, le sentier aboutit sur des pentes couvertes de plantes alpines telles la cassiopée blanche (fleurs blanches), la bruyère des montagnes (fleurs roses), l'oxyrie de montagne (fruits rouges), la silène acaule, etc. Le milieu alpin du col Balu (nom pour ours dans la langue autochtone Hindi) est l'habitat privilégié d'une importante population d'ours grizzlis.

The trail leading to Balu Pass (Glacier National Park, British Columbia) provides a good illustration of the ecological gradient in the ecosystems of the Selkirk Mountains. Starting out in a forest of mountain hemlock and Englemann spruce, the trail climbs through an alder thicket growing over gigantic avalanche cones. It eventually reaches a region of boulders covered with alpine plants such as mountain heather (white flowers), red mountain heather (pink flowers) mountain sorrel (red fruit) and moss campion. The alpine environment of Balu Pass ("balu" means bear in the Aboriginal language of Hindi) has attracted a large resident population of grizzly bears.

𝒫arc provincial Peter Lougheed (Alberta). L'étage montagnard des Rocheuses est fréquemment habité par des peuplements résineux dominés par l'épinette d'Engelmann et le sapin subalpin. Le pin tordu latifolié peut être présent en plus basse altitude et même former des peuplements purs, mis en place à la suite du passage d'incendies de forêt.

𝒫eter Lougheed Provincial Park (Alberta). The montane zone of the Rocky Mountains is often dotted with conifer stands dominated by Englemann spruce and subalpine fir. At lower altitudes, lodgepole pines grow and, in places, even form pure stands, which may grow in after a forest fire.

Les eaux turquoises du lac Peyto (parc national de Banff, Alberta) proviennent des eaux de fonte du glacier Peyto, qui sont lourdement chargées de limons glaciaires. Les facettes géométriques des particules de limon agissent dans la colonne d'eau du lac comme des millions de petits miroirs qui réfléchissent et diffusent la lumière, ce qui donne cette couleur si unique.

The turquoise waters of Peyto Lake (Banff National Park, Alberta) come from the meltwater of the Peyto Glacier, bearing quantities of glacial silt. The geometric facets of silt particles suspended in the lake's water column act like thousands of tiny mirrors that reflect and diffuse light, thus producing this remarkable colour.

Au cœur de la chaîne des montagnes Selkirk de la Colombie-Britannique, le parc national Revelstoke présente les plus beaux échantillons des prés subalpins de l'ouest du pays. Bordés de sapins subalpins (en forme de flèche) et d'épinettes d'Engelmann, les prés colorés coiffent le mont Revelstoke à une altitude de près de 1700 m. Ces prés sont garnis d'espèces herbacées vivaces multicolores telles la valériane (blanche), l'arnica (jaune), le lupin (violet), l'érigéron des montagnes (roses) et la castilléjie (rouge).

Situated in the heart of British Columbia's Selkirk Mountains, Revelstoke National Park presents some of the most beautiful examples of subalpine meadows in the Canadian West. Surrounded by spire-like subalpine firs and Englemann spruce, flowering meadows crown Mount Revelstoke at an altitude of 1,700 m. These meadows are full of brightly coloured herbaceous perennials such as valerian (white), arnica (yellow), lupine (violet), mountain daisy (pink) and Indian paintbrush (red).

Anémone occidentale dans un pré alpin humide bordant un congère du plateau Opabin, parc national Yoho (Colombie-Britannique).

Western anemone in a moist alpine meadow bordering a snowbank on the Opabin Plateau in Yoho National Park (British Columbia).

Des pics de 2800 à 3200 mètres entourent le petit lac alpin Opabin dans le parc national Yoho (Colombie-Britannique). Au-delà des plantes à fleur qui forment la végétation alpine, des algues microscopiques ont la capacité de coloniser la neige des congères en été ou encore les névés de certains glaciers. Ces algues laissent d'ailleurs une coloration rouge sur plusieurs congères du plateau Opabin.

Opabin Lake in Yoho National Park (British Columbia) is a small alpine lake surrounded by peaks that rise 2,800 to 3,200 m. The vegetation in this alpine environment includes not only flowering plants but also microscopic algae that in warm months are capable of colonizing snowbanks and even the névés of certain glaciers. These algae impart a reddish colour to many of the snowbanks on the Opabin Plateau.

153

𝒫aysage serein du début de l'hiver dans le parc national de Banff (Alberta) – le mont Castle se réfléchissant dans les eaux tranquilles de la rivière Bow.

─────────────

𝒜 peaceful, early winter scene in Banff National Park (Alberta). In this photo, Castle Mountain is reflected in the tranquil waters of the Bow River.

Paysage féérique de la décharge du lac Emerald dans le parc national Yoho (Colombie-Britannique).

Magical scenery at the discharge of Emerald Lake in Yoho National Park (British Columbia).

La chèvre de montagne apparentée à la chèvre domestique ne se rencontre que dans la cordillère du nord-ouest de l'Amérique du Nord. Soixante pour cent de la population mondiale est présente en Colombie-Britannique. Cette espèce spécialisée partage son habitat alpin avec le mouflon d'Amérique. Contrairement au mouflon, la chèvre de montagne n'effectue pas de migration saisonnière – elle utilise le même territoire tout au long de l'année. L'habileté de ce mammifère à arpenter des milieux plutôt pierreux, c'est-à-dire des escarpements abrupts et des corniches, est remarquable. Ses déplacements quotidiens s'expliquent essentiellement par sa quête de nourriture et ses efforts pour échapper aux prédateurs.

The mountain goat, a relative of the domestic goat, is found only in the Cordillera of northwest North America. British Columbia is home to 60% of the world population. This specialized species shares its habitat with the bighorn sheep. Unlike bighorn sheep, mountain goats do not migrate with the changing seasons, but rather use the same territory year-round. These mammals have a remarkable ability to make their way over rocky ground, on steep slopes and ledges. They travel this way to find food and escape predators.

*Le lac Amethyst dans la vallée Tonquin, parc national Jasper (Alberta).

*Amethyst Lake in Tonquin Valley, Jasper National Park (Alberta).

À proximité de la limite de partage des eaux, les précipitations plus abondantes des plateaux subalpins coiffent fréquemment le couvert forestier résineux d'un manteau de neige. Sur le plateau du lac Boom du parc national de Banff (Alberta), le tronc des pins tordus latifoliés et le feuillage des épinettes d'Engelmann sont ornés d'une dentelle délicate hivernale.

Heavy precipitation is frequent on subalpine plateaus along the continental divide, and the coniferous forest cover here is often blanketed with a mantle of snow. On the plateau near Boom Lake in Banff National Park (Alberta), the trunks of lodgepole pines and the needles of Englemann spruce are festooned with winter's delicate lace.

Haut lieu d'écotourisme, le parc provincial du mont Assiniboine (Colombie-Britannique) protège des milieux montagnards, subalpins et alpins nichés à l'ombre de pics impressionnants. C'est notamment le cas du mont Assiniboine (3618 m), le sixième plus haut sommet des Rocheuses, dont les faces pyramidales rappellent le mont Cervin en Suisse. C'est d'ailleurs l'action glaciaire et l'érosion des derniers millions d'années qui ont forgé ce faciès. Il est visité pour sa beauté naturelle et son caractère isolé. Ses trois mètres de précipitations de neige annuels font aussi la joie des skieurs.

A mecca of ecotourism, Mount Assiniboine Provincial Park (British Columbia) encompasses montane, subalpine and alpine environments lying between impressive peaks. One of these peaks is Mount Assiniboine (3,618 m), the sixth highest summit in the Rocky Mountains. Its pyramidal rocky features have been shaped by glacial activity and erosion over the past few million years. Mount Assiniboine is admired for its natural beauty and wildness, but it is the annual 3-m snowfall that is the main attraction for skiers.

Niché au milieu de pics imposants couverts de neige, le splendide lac O'Hara a été nommé en l'honneur de son découvreur Robert O'Hara, un ancien colonel de l'armée britannique. Après sa découverte au cours de la décennie 1890, le Canadian Pacific Railway construit en 1912 un premier chalet de villégiature près du lac aux eaux émeraude. Un des premiers explorateurs de la région, Walter D. Wilcox, exprime son émerveillement en affirmant que « dans les régions sauvages de montagne, la manifestation la plus complète de la beauté naturelle s'exprime au lac O'Hara ».

High up among impressive snow-capped peaks lies O'Hara Lake. This splendid lake was named after Robert O'Hara, a former colonel in the British Army, who discovered it in the 1890s. In 1912, the Canadian Pacific Railway built the first log hut for mountaineers beside the emerald-hued lake. Walter D. Wilcox, one of the first to explore the area, expressed his feelings of wonder in the following words: *In all the mountain wilderness, the most complete picture of natural beauty is realized at O'Hara Lake.*

Alimenté par les eaux de ruissellement et par des eaux de source minérales, le ruisseau Johnston du parc national de Banff (Alberta) coule sur plus de cinq kilomètres dans un lit de calcaire. L'érosion des dernières centaines de milliers d'années et le passage des glaciers et de leurs puissantes eaux de fusion ont creusé un canyon qui atteint par endroits une profondeur de trente mètres. Ce canyon est aussi caractérisé par ses murs verticaux et ses chutes spectaculaires.

Fed by run-off water and mineral spring water, Johnston Creek in Banff National Park (Alberta) flows for more than five kilometres over limestone bedrock. Its course follows a canyon that was carved out over hundreds of thousands of years of erosion, glaciers and torrents of glacial meltwater. Reaching a depth of 30 m in places, the canyon features a number of vertical walls and spectacular falls.

PROVINCES ET
TERRITOIRES TOUCHÉS
*PROVINCES AND
TERRITORIES CONCERNED*

Alberta
Alberta

Colombie-Britannique
British Columbia

Manitoba
Manitoba

Saskatchewan
Saskatchewan

Territoires du Nord-Ouest
Northwest Territories

Prairies et plaines boréales

Prairies and Boreal Plains

Vents asséchants, sécheresse, étés chauds sont là les conditions de croissance des graminées qui couvrent la plus grande portion de l'écozone des prairies. Près d'une centaine d'espèces de graminées et des plantes herbacées dominent ce paysage de plaines, de vallons et de collines. La composition de la végétation et la quasi-absence d'arbres sont imputables à un régime de précipitations qui favorisent des végétaux adaptés à des milieux secs. Ces derniers

Dry winds, drought, hot summers—such are the growing conditions of grasses in most of the prairie ecozone. Nearly 100 species of grass and herbaceous plants dominate the vegetation in this landscape of plains, small valleys and rolling hills. The composition of this vegetation, along with the nearly total lack of trees, may be explained by the region's low precipitation, which discourages the growth of any plants that are not adapted to dry envi-

Chapitre 7 Chapter

Pour le peintre du Groupe des sept, A.Y. Jackson (1882-1974), la vallée de la rivière Red Deer constituait le plus beau sujet de l'Ouest canadien. Ses versants abrupts et ses cheminées de fées à proximité de Drummheller (Alberta) résultent d'un travail d'érosion étalé sur des millions d'années. Le passage des glaciers et des eaux de fusion glaciaire, l'érosion fluviale des cours d'eau postglaciaires, de même que l'effet érosif des précipitations ont contribué à exposer des matériaux sédimentaires consolidés (grès, siltstone, *shale*) il y a plus de soixante-quatorze millions d'années (période crétacée) alors que le climat d'une immense plaine côtière humide était subtropical.

For the painter A. Y. Jackson (1882-1974), a member of the Group of Seven, the Red Deer River Valley offered the most beautiful scenes in the Canadian West. The valley's abrupt walls and hoodoos (rock pillars) in the vicinity of Drumheller (Alberta) are the outcome of millions of years of erosion. The landscape has been shaped through a combination of glacier movement and the erosion caused by glacial meltwater, postglacial rivers and precipitation. The result has been to gradually expose the sedimentary material (sandstone, siltstone and shale) that consolidated 74 million years ago in the Cretaceous period, when the area was a vast water-logged coastal plain having a subtropical climate.

reçoivent d'ailleurs aussi peu que 300 mm de précipitations annuellement.

Un régime de perturbations naturelles marqué par des incendies de cycle court (3-15 ans) et la présence d'abondants mammifères herbivores, tels le bison, l'antilope d'Amérique et le cerf mulet ont façonné cet écosystème au cours des siècles derniers. L'adaptabilité des graminées, c'est-à-dire leur tolérance au broutage, aux passages des feux, au piétinement et aux sécheresses expliquent bien pourquoi le sud du Manitoba, de la Saskatchewan et le sud-est de l'Alberta étaient jadis couverts de prés naturels verdoyants. Cependant, la culture des céréales pratiquée sur des sols fertiles et des terrains au relief peu prononcé a profondément modifié l'écosystème des prairies. Au cours des deux derniers siècles, plus de soixante-dix pour cent des prairies naturelles ont été remplacées par des terres agricoles ou d'élevage.

Le grand territoire des prairies est constitué de trois sous-zones : la tremblaie-parc dans l'aire de transition vers la forêt boréale, la prairie mixte qui occupe le sud de la Saskatchewan et le sud-est de l'Alberta, la prairie à grandes graminées dans le centre sud du Manitoba. C'est dans cette dernière sous-zone, aujourd'hui couverte de champs de maïs et de blé, que se trouvent les terres les plus fertiles du centre du pays, cela en raison des sols chernozémiques connus pour leur grande capacité de rétention des eaux de pluie ou de fonte des neiges. Bien que moins d'un pour cent de cette sous-zone soit encore constitué de prairies véritables, des programmes de conservation visent à la réhabilitation de ces prairies naturelles.

La prairie révèle une diversité de faune et de flore singulière, qui repose avant tout sur la diversité des habitats. Outre le milieu des prairies qu'ils fréquentent, les mammifères et les oiseaux se réfugient aussi dans les boisés, les vallées, les milieux humides, les complexes de dunes et les badlands. Dans tous ces habitats on trouve des espèces animales inféodées aux prairies – notons le spermophile de Richardson, le lièvre de Townsend, l'antilope d'Amérique, la chouette des terriers, la buse rouilleuse et l'avocette d'Amérique. Les milieux les plus arides, les badlands et les dunes de sable, abritent des espèces fauniques adaptées à des conditions environnementales extrêmes causées par la chaleur et la sécheresse. Notons aussi les espèces suivantes qui se trouvent uniquement dans cette partie du Canada : un lézard nommé phrynosome, le serpent à sonnette de l'ouest, le rat kangourou d'Ord et même une espèce de scorpion.

ronments. Some prairie plants must be able to survive on as little as 300 mm of precipitation annually.

The prairie ecosystem has been shaped over the last few centuries by, on the one hand, a pattern of natural disturbances arising in connection with a short cycle of recurrent fires (3 to 15 years), and, on the other hand, the presence of herds of herbivorous mammals, such as bison, pronghorn antelope and mule deer. Grasses are adaptable and can withstand prairie fires and droughts, as well as grazing and trampling by animals. This is why southern Manitoba, Saskatchewan and southeast Alberta were once covered with verdant natural meadows. However, this ecosystem has been profoundly altered because its relatively flat terrain, favourable climate and fertile soil make it ideal for cereal farming. Over the past two centuries, over 70 percent of the natural prairies has been replaced by farmland or cattle ranches.

The vast prairie ecozone comprises three sub-zones: the aspen parkland in the transition area near the boreal forest, the mixed prairie in southern Saskatchewan and southeast Alberta, and the tall grass prairie in central Manitoba. The last sub-zone, at present covered with corn and wheat fields, has the most fertile soil in central Canada. This soil, called chernozem, has a remarkable capacity to absorb and retain rainwater and spring run-off. Although less than one percent of this sub-zone is still true tall grass prairie, there are conservation programs whose goal is to restoration of this type of natural environment.

The prairies' varied habitats provide a home for a wide diversity of specialized fauna and flora. Mammals and bird are found in the grasslands, but also live in the prairies' groves, coulees, wetlands, sand hills and badlands. These habitats are all used by typical prairie animal species, including Richardson's ground squirrel, the white-tailed jackrabbit, pronghorn antelope, the burrowing owl, the ferruginous hawk and the American avocet. The drier areas, such as the badlands and sand hills, are home to wildlife species that are adapted to extreme environmental conditions of heat and drought. Some of the species that are found only in this part of Canada are the short-horned lizard, the western rattlesnake, Ord's kangaroo rat and even a kind of scorpion.

The boreal plain extends from the northern limits of the prairies through the northern half of Manitoba, Saskatchewan and Alberta. As its name indicates, this area is also a vast plain and is, like the prairies, underlain by sedimentary rocks as well as glacial and glaciolacustrine deposits. The vegetation and wildlife are typical of the great continental

Bordant la limite nordique des prairies, les plaines boréales occupent la portion médiane des provinces du Manitoba, de la Saskatchewan et de l'Alberta. Comme son nom l'indique, ce territoire est aussi une vaste plaine, également sise sur des roches sédimentaires et des dépôts glaciaires ou glacio-lacustres. La végétation et la faune sont typiques de la grande forêt boréale continentale. Les feuillus de la boréalie – le peuplier faux-tremble, le bouleau blanc, le peuplier baumier – abondent en compagnie de l'épinette blanche, de l'épinette noire et du pin gris. Dans la portion septentrionale des plaines boréales, l'un des plus grands deltas d'eau douce du Canada, le delta des rivières de la Paix et Athabasca forme un complexe de milieux humides d'importance continentale où, entre autres, la grue blanche d'Amérique, menacée d'extinction, a établi son aire de nidification. ◆

boreal forest. The area abounds with northern deciduous trees such as trembling aspen, white birch and balsam poplar, among coniferous trees like white spruce, black spruce and jack pine. In the northern part of the boreal plain, one of Canada's largest freshwater deltas, at the mouths of the Peace and Athabaska Rivers, forms a wetlands that is home to special habitats, including the last natural nesting grounds of the endangered whooping crane. ◆

Dans la vallée de la rivière Qu'Appelle du sud de la Saskatchewan, la présence du lieu sacré Moose Bay Burial Mound est évocateur d'une lointaine occupation autochtone. Ce site de prairie mixte verdoyant formé de graminées de taille moyenne (0,5 - 1,5 m) et de bosquets arbustifs abrite une faune diversifiée en raison des nombreux écotones que l'on y retrouve. De tout temps les autochtones ont utilisé l'axe de la rivière comme lieu de séjour, de chasse et de pêche. Une excavation archéologique en 1968 révélait la présence d'offrandes mortuaires (par exemple des poteries ornées), de pipes et d'outils. Ces artéfacts trouvés dans des monticules coniques de 1,5 m de hauteur datent de plus de mille ans.

The sacred place known as Moose Bay Burial Mound, in the Qu'Appelle River Valley in southern Saskatchewan, is a reminder of an ancient Aboriginal occupation. Here, a verdant mixed prairie of medium-height grass species (0.5 to 1.5 m) and shrubby groves provides a number of ecotones that attract diversified wildlife. From time immemorial, Aboriginal peoples have used the river valley as a hunting and fishing ground and as a place of dwelling. In 1968, an archaeological dig brought to light mortuary offerings (such as decorated pottery vessels) as well as pipes and tools. Discovered in 1.5-m-high conical mounds, these artifacts date back more than 1,000 years.

Alors que la population nord-américaine de bisons était de l'ordre de soixante millions avant la venue des Européens, il n'en restait que quelques troupeaux isolés en 1893. À ce moment, la population du territoire du parc national Wood-Buffalo était de 300 bisons des bois. Entre 1925 et 1928, 6600 bisons des prairies ont été introduits dans le parc. Après des décennies d'efforts du gouvernement canadien pour augmenter la population et la soigner, la population de 4500 bisons (hybrides) du parc constitue la harde sauvage la plus importante de la planète. La qualité de l'habitat explique en partie le maintien de ce bovidé ruminant. En effet, les immenses prairies humides du sud-ouest du parc représentent un lieu de prédilection pour ces animaux brouteurs.

Before the arrival of Europeans, the North American bison population stood at about 60 million, but by 1893 only a few isolated herds remained. At that time there were only 300 wood bison in the territory of Wood Buffalo National Park. Between 1925 and 1928, 6,600 prairie bison were introduced into the park. Thanks to several decades of efforts by the Canadian government to increase and strengthen the population, the hybrid bison in the park now number 4,500 and constitute the largest free-roaming bison herd in the world. The successful maintenance of this ruminant bovid is due in great measure to the quality of the habitat. The wet prairies in the southwest corner of the park provide the environment most favoured by these grazing animals.

Les plaines boréales (Alberta, Saskatchewan, Manitoba) qui bordent l'immense écosystème des prairies possèdent une végétation apparentée à celle de la forêt boréale du bouclier canadien. Le peuplier faux-tremble (cette photographie) et le bouleau à papier demeurent les essences feuillues les plus abondantes. Le passage de grands incendies forestiers à des intervalles de plus ou moins cent ans favorise la prédominance de certaines essences. Ainsi, le peuplier qui a la capacité de drageonner après le passage d'un incendie. Cela fait en sorte que certains peuplements de peupliers peuvent se maintenir pendant des siècles.

The vegetation of the boreal plains (Alberta, Saskatchewan and Manitoba) bordering the vast ecosystem of the prairies is similar to that of the boreal forest in the Canadian Shield. Trembling aspen (this photograph) and paper birch represent the most common deciduous tree species. The passage of great forest fires every 100 years or so encourages the predominance of certain species. For example, aspen are capable of sprouting after a forest fire and, as a result, some aspen stands can survive for centuries.

Kayak d'eau vive dans la rivière des Esclaves (Territoires du Nord-Ouest).

White-water kayaking on Slave River (Northwest Territories).

Les plaines salines du parc national Wood Buffalo (Territoires du Nord-Ouest) sont façonnées par les eaux de source minéralisées qui émergent à la surface du sol. Ces eaux, qui viennent en contact avec le sol, s'évaporent et laissent en place une couche de sel gris blanchâtre.

The salt plains of Wood Buffalo National Park (Northwest Territories) are shaped by mineral spring water that rises to the surface of the ground. As the water emerges from beneath, it evaporates and leaves behind a crust of pale grey salt.

Le parcours de 434 km de la rivière des Esclaves (Alberta et Territoires du Nord-Ouest) relie les bassins du lac Athabasca et de la rivière de la Paix et le Grand Lac des Esclaves. Cette rivière, qui coule sur une immense plaine boréale mal drainée, est formée d'une multitude de méandres colmatés par des limons, qui ont été vite colonisés par une végétation de milieu humide. Cette rivière est bien sûr une importante voie migratoire pour des dizaines d'espèces aquatiques dont les canards, les oies et les cygnes siffleurs. Par ailleurs, une population de pélicans habite les rapides de la rivière à proximité de Fort Smith.

The course of the Slave River covers 434 kilometres, stretching from the basin of Lake Athabasca and the Peace River to Greater Slave Lake (Alberta and Northwest Territories). The river meanders through a vast, poorly drained boreal plain. In countless places, bends have silted up and been rapidly colonized by wetland vegetation. The river is a major migration route for aquatic birds such as ducks, geese and whistling swans. A resident population of white pelicans inhabits the area surrounding the river's rapids near Fort Smith.

La puissance des eaux de la rivière des Esclaves (Territoires du Nord-Ouest) enveloppée de la lumière de fin de journée de juillet donne une vision apaisante des grands espaces sauvages du Nord.

The powerful waters of the Slave River (Northwest Territories), bathed in the sun's last rays on a long July day, present a peaceful vision of the North's wide open wild areas.

À l'intérieur du parc national Wood Buffalo (Territoires du Nord-Ouest), d'immenses plaines salines abritent des prairies herbeuses, des marais et d'autres milieux humides à l'intérieur desquels les plantes sont tolérantes aux sels. D'ailleurs, plusieurs de ces plantes se rencontrent dans les milieux marins et estuariens du pays. C'est le cas de la salicorne d'Europe de coloration rouge. Ces milieux sont aussi fréquentés par la sauvagine, les oiseaux limicoles et les bisons.

Inside Wood Buffalo National Park (Northwest Territories), immense salt plains are covered with grasslands, saline marshes and other wetlands, where salt-tolerant plants can grow. Many of these plants are also found in the country's sea and estuary environments. One such plant is red glasswort. The area is also frequented by waterfowl, shorebirds and bison.

Plusieurs des lacs du bouclier canadien ou des plaines boréales ont été formés à la suite du surcreusement de la roche-mère ou de la formation de cuvettes dans les dépôts d'origine glaciaire. Généralement peu profonds et associés à une faible circulation d'eau, plusieurs de ces lacs sont en voie d'eutrophisation. Ainsi, les eaux brunes contiennent plus de matières organiques (débris végétaux, biomasse) que les organismes présents sont capables d'en décomposer ou de s'en nourrir. Il en résulte un comblement graduel.

Many of the lakes in the Canadian Shield and the boreal plain were hollowed out by glacial overdeepening in the bedrock or the formation of depressions in glacial deposits. Since they are generally shallow and have little current, several of these lakes are undergoing eutrophication. This occurs when the brownish water contains more organic matter (plant debris and biomass) than the organisms present are able to either decompose or consume, with the result that the lake gradually fills in.

Avocette d'Amérique dans un étang du sud de l'Alberta. Cet oiseau de rivage à très longues pattes fréquente les terrains marécageux et les bords de cours d'eau des écosystèmes de prairie de l'Alberta, de la Saskatchewan et du Manitoba. Curieusement, l'espèce était présente jusqu'au fleuve Fraser au XIXᵉ siècle.

An American avocet wades quietly in a pond in southern Alberta. This long-legged shorebird is a regular visitor to the swamplands and banks of water bodies contained within the prairie ecosystems of Alberta, Saskatchewan and Manitoba. Curiously enough, in the 19th century, the range of this species extended as far as the Fraser River.

Joseph Burr Tyrrell

1858-1957

C'est quasi centenaire que Joseph Burr Tyrrell décède en août 1957. Une longue vie fertile en actions et en découvertes pour un homme qui, à la suite de brillantes études, se destinait au droit. Mais la maladie qui le frappe dans la jeune vingtaine l'oblige à rechercher les bienfaits de la nature que, tout enfant, il avait fréquentée avec passion. En 1881, en entrant au service de la Commission géologique du Canada, les portes du grand air nord-canadien s'ouvrent à lui, ainsi que celles de l'aventure.

Après une première campagne de prospection minière dans les Rocheuses, sous la conduite de George M. Dawson, le jeune Tyrrell se voit confier plusieurs expéditions en Alberta, au Manitoba, dans les Territoires du Nord-Ouest et au Yukon. Dès lors et pendant dix-sept ans au service de la Commission, il tire des comptes rendus précis de ses découvertes et de ses observations en matière de géologie, de géographie, d'agriculture, de pêcherie, d'entomologie, d'ornithologie et de botanique. Curieux de tout, soucieux du développement de son pays, il ne recule devant aucune difficulté. En 1893-1894, il réalise l'extraordinaire et redoutable descente des rivières Dubawnt et Thelon. En canot et à pied, conseillé par les Amérindiens, il parcourt 3200 milles de route qui le conduisent jusqu'à la baie d'Hudson.

Pionnier et homme d'exploits, on raconte que ce scientifique, aussi tireur d'élite, abat un grizzli qui menaçait son équipe dans un étroit passage montagneux. Cependant, cette même année 1884, une rencontre plus inattendue, bien que moins redoutable, allait lui laisser une forte impression. Au cours d'une prospection houillère dans la région de Drumheller, dans les badlands albertains, c'est un Albertosaurus – ainsi qu'on le nommera plus tard – qui l'accueille. Devant lui, vieux de soixante-dix millions d'années, un crâne et des ossements de dinosaure semblent émaner du roc. C'est une première mondiale. Pourtant, des fouilles subséquentes dans cette région révéleront la présence de plus de 300 squelettes de dinosaures. C'est aujourd'hui au Royal Tyrrell Museum of Paelontology de Drumheller que se trouve une riche collection de ces spécimens préhistoriques.

Après 1898, Tyrrell quitte la Commision géologique du Canada et devient consultant minier à Dawson City à cette époque fabuleuse de la ruée vers l'or. Du Klondike à l'Angleterre, où il est professeur invité, sa renommée lui ouvre les portes, les chercheurs d'or lui accordent leur confiance, ses pairs le tiennent en haute estime. De retour en Ontario en 1905, il poursuit ses explorations minières dans le nord de la province. Il se fait aussi gentleman-farmer. Les vergers qu'il cultive avec son fils George produisent des pommes remarquables qu'il exporte en Angleterre et en Afrique du Sud.

Jamais inactif, Tyrrell le géologue, l'explorateur, le prospecteur, le cultivateur, l'éditeur, ne se laisse pas handicaper par la maladie et, à un âge avancé, reçoit encore collègues et amis. Sa riche carrière a été saluée par une multitude de prix et son nom immortalisé par la Société royale du Canada qui a créé la médaille J.B. Tyrrell octroyée pour des travaux remarquables en histoire du Canada.

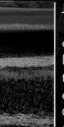

Joseph Burr Tyrrell was almost 100 years old when he died in August 1957. He had enjoyed a long, very active life, full of fascinating discoveries for someone who, after excelling in school, had intended to go into law. However, an illness that afflicted him in his early twenties obliged him to change his plans and seek out the benefits of nature, which he had explored with a passion as a child. In 1881, he was hired by the Geological Survey of Canada, thereby obtaining his passport to Canada's vast northern regions and an extraordinary world of adventure.

After his first prospecting expedition in the Rockies, under the direction of George M. Dawson, the young Tyrrell was entrusted with numerous expeditions in Alberta, Manitoba, the Northwest Territories and the Yukon. Over his 17-year term of employ for the Geological Survey, he wrote precise reports on his observations and discoveries in geology, geography, agriculture, fisheries, entomology, ornithology and botany. Interested in everything and anxious to see his country develop, he did not shrink from difficulty. In 1893-1894, guided by information obtained from aboriginals, he completed the extraordinary but very difficult descent of the Dubawnt and Thelon Rivers by canoe and on foot, thus making the 3,200-mile journey to Hudson Bay.

In 1884, this scientist, pioneer, man of daring and marksman, is reported to have killed a grizzly bear that threatened his crew in a narrow mountain pass. However, that same year, he had an even more astonishing, although less frightening, encounter that made a strong impression on him. While prospecting for coal in the Drumheller region in Alberta's Badlands, he came across a skull and bones that seemed to emerge from a rock right in front of him and that belonged to a 70-million-year-old dinosaur, Albertosaurus, as the specimen was later named. This was a world first. Subsequent excavations in the area led to the discovery of over 300 dinosaur skeletons. This rich collection of prehistoric specimens is now housed in the Royal Tyrrell Museum of Paleontology in Drumheller.

In 1898, Tyrrell left the Geological Survey of Canada to serve as a mining consultant in Dawson City during the fabulous gold rush era. From the Klondike to England, where he worked as a visiting professor, his reputation opened doors for him, as gold prospectors placed their confidence in him and his peers held him in high esteem. After returning to Ontario in 1905, he continued his prospecting activities in the northern part of the province in addition to becoming a gentleman farmer. The orchards he cultivated with his son George produced wonderful apples that he exported to England and South Africa.

Ever active, this geologist, explorer, prospector, farmer and editor did not allow his illness to slow him down, and, even at an advanced age, Tyrrell continued to receive colleagues and friends. His brilliant career was saluted with a multitude of prizes, while his name has been immortalized by the J. B. Tyrrell Historical Medal awarded by the Royal Society of Canada for "outstanding work in the history of Canada."

Dans le parc provincial consacré aux dinosaures (Alberta), le passage de la dernière glaciation, suivi des eaux de fonte glaciaire et le décapage continu par les précipitations ont sculpté dans les grès et *shales* tendres des cheminées de fées, des buttes arrondies et des mesas. La présence de dizaines d'espèces animales fossilisées il y a soixante-quatorze millions d'années dans un tel contexte géologique et géomorphologique est unique. L'identification de trente-cinq espèces de dinosaures fait de ce lieu la plus grande concentration de fossiles de dinosaures de la planète. Plus de 300 squelettes en bon état ont été excavés depuis 1880. De nouveaux ossements fossilisés se révèlent aux chercheurs à chaque année, en raison de l'extrême vulnérabilité du matériau rocheux à l'érosion.

The sandstone and soft shales of Dinosaur Provincial Park (Alberta) were shaped into hoodoos (rock pillars), rounded knolls and mesas by the last glaciation and torrents of glacial meltwater, and continue to be eroded by precipitation. The presence of dozens of fossilized animal species dating from 74 million years ago makes for a unique geological and geomorphological setting. Thirty-five species of dinosaurs have been identified on park lands, which boast the highest concentration of dinosaur fossils on the planet. Over 300 skeletons in good condition have been excavated since 1880. Furthermore, since the rock is so vulnerable to erosion, new fossilized bones are revealed to researchers every year.

L'immense territoire de Great Sand Hills (plus de 3000 km²) au sud de la rivière Saskatchewan Sud (à proximité de la localité de Sceptre, Saskatchewan) est constitué d'une mosaïque de prairies à fétuque, dunes actives, de dunes fixées par les graminées (roseau des sables, sporobole, oryzopsis), les potentilles et les armoises. C'est dans cet immense complexe désertique que l'on retrouve l'un des plus grands champs de dunes du Canada, après ceux du delta des rivières de la Paix et Athabasca (Alberta). Ces habitats supportent des espèces spécialistes des milieux arides : la couleuvre à museau de cochon, un lézard nommé phrynosome, le rat kangourou d'Ord et l'antilope d'Amérique.

The immense territory of the Great Sand Hills (over 3,000 km²), to the south of the South Saskatchewan River (near the town of Sceptre, Saskatchewan), is a mosaic of fescue prairie, shifting dunes and dunes stabilized by grass species (sand grass, sand dropseed, Indian rice grass), cinquefoil and sagebrush. This vast desert-like environment holds one of the largest dune fields in Canada, surpassed by only those of the Peace and Athabasca river deltas (Alberta). It provides habitats for species that are adapted to arid environments—the western hognosed snake, the short-horned lizard, Ord's kangaroo rat and the pronghorn antelope.

La vallée de la rivière Frenchman, au sud-ouest de la Saskatchewan (entre Eastend et Ravenscrag), est le lieu où l'on a découvert des fossiles d'un tricératops, d'un cheval à trois doigts, d'un rhinocéros ancien et d'un cochon géant. Ces découvertes du début du XXe siècle ont été faites dans les roches sédimentaires consolidées il y a soixante-cinq millions d'années, c'est-à-dire des dépôts de houille, des grès et des *shales* tendres. C'est aussi dans cette vallée que le grand chef sioux Sitting Bull s'est réfugié en 1878 avec son peuple. Dans le but de préserver leurs terres, les Sioux ont affronté avec succès le général Custer lors de la bataille de Little Big Horn (1876), au Montana. Après un séjour de quatre ans au Canada, ce grand chef très respecté est retourné aux États-Unis en 1881.

The Frenchman River Valley in southwest Saskatchewan (between Eastend and Ravenscrag) is a place where the fossils of a triceratops, a three-toed horse, an ancient rhinoceros and a giant pig were discovered at the beginning of the 20th century. These remains lay in sedimentary rock composed of coal deposits, sandstones and soft shales that formed 65 million years ago. This is also the valley where Grand Chief Sitting Bull sought refuge with his people in 1878, following the Battle of Little Big Horn (1876), in which General Custer was defeated by the Sioux, who had taken a stand in Montana to preserve their land. This highly respected chief stayed in Canada for four years before returning to the United States in 1881.

𝓔n bordure de la rivière Milk, les versants de grès du parc provincial Writing-On-Stone (Alberta) présentent un paysage de ravins, de buttes et de cheminées de fées qui ont fasciné des peuples autochtones depuis près de trois mille ans. Des dessins rupestres récents (XVIIIᵉ et XIXᵉ siècles) exécutés par des membres de la nation Blackfoot relatent des événements de chasse et montrent des animaux. Ces dessins constituent l'illustration du caractère sacré du lieu. Par ailleurs, l'aspect singulier du paysage représentait probablement l'émanation d'une force spirituelle qui inspirait l'émerveillement et une certaine crainte révérencielle.

𝒯he sandstone cliffs in Writing-On-Stone Provincial Park (Alberta) descend to the Milk River in a dramatic jumble of ravines, buttes and hoodoos (rock pillars) that have fascinated aboriginal peoples for nearly 3,000 years. The rock surfaces bear petroglyphs and pictographs made quite recently (18th and 19th centuries) by members of the Blackfoot nation to depict animals and hunting scenes. These pictures reflect the sacred character of the site. It is likely that the breathtaking landscape was felt to be the expression of a spiritual force, inspiring wonder and a certain reverential awe.

À proximité de la limite nord du Montana, les platières bordant le lac Willowbunch (Saskatchewan) sont couvertes de sels alcalins de sodium, magnesium et potassium. En effet, l'évaporation de l'eau contenue dans les sols laisse paraître les sels blancs en surface. Des végétaux halophytes adorent ces conditions de sol inhabituelles. Ce sont notamment les salicornes d'Europe de coloration rouge et les suedas maritimes, qui s'observent aussi dans les estuaires marins du MacKenzie, des baies James et d'Hudson, et du Saint-Laurent.

Near the border between Saskatchewan and Montana, the flats along Lake Willowbunch are crusted with alkaline salts containing sodium, magnesium and potassium. The white salts are left on the surface of the flats when water in the soil evaporates. Halophytic (salt-loving) plants flourish in these unusual soil conditions. Such plants include red glasswort and sea blite, which is also found along the maritime estuaries of rivers flowing into Hudson Bay and James Bay, as well as those of the Mackenzie and St. Lawrence Rivers.

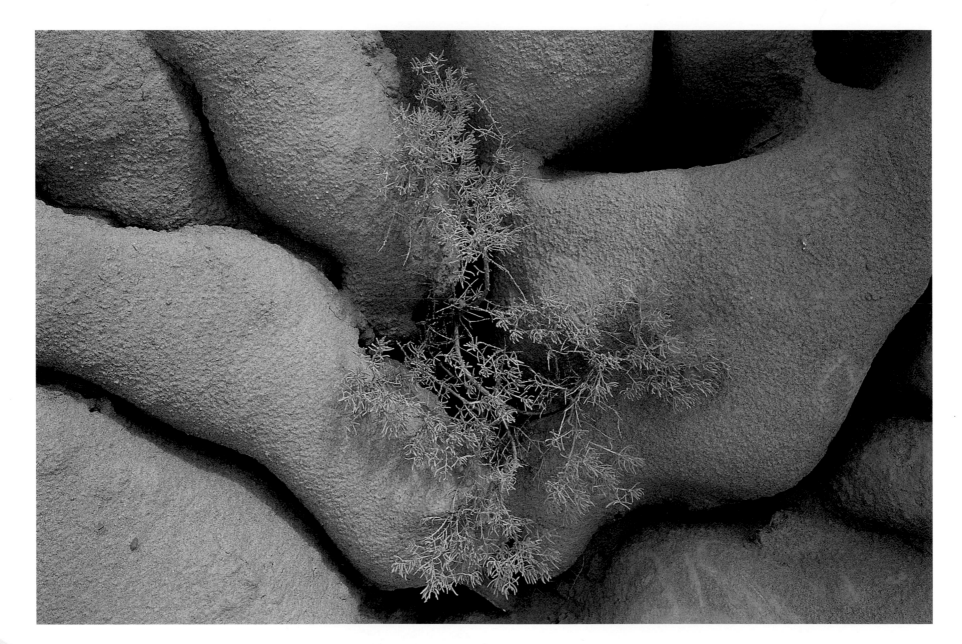

*L*es *shales* ou schistes argileux du parc provincial des dinosaures (Alberta) sont constitués d'anciennes argiles déposées il y a plus de 74 millions d'années dans une plaine côtière. Ces argiles nommées bentonites se déforment et se désagrègent aisément. Lorsqu'elles deviennent mouillées, elles peuvent prendre jusqu'à dix fois leur volume sec. Cette condition du matériau rocheux explique bien le relief de ravinement qui donne la signature du parc et de la vallée de la rivière Red Deer.

*T*he shales found in Dinosaur Provincial Park (Alberta) consist of ancient clays deposited over 74 million years ago on a coastal plain. These clays, known as bentonites, are not very resistant and break up easily. When wet, bentonites can swell up to 10 times their dry volume. This feature of the bedrock explains the formation of the deep ravines that characterize the Red Deer River Valley and the park.

Le parc provincial Spruce Woods est un îlot désertique dans la prairie fertile du sud-ouest du Manitoba. Le territoire du parc est formé de dépôts sableux glacio-lacustres de l'ancien lac Agassiz. Après le retrait de l'inlandsis laurentidien (12 000 ans avant aujourd'hui), le plus grand lac glaciaire d'Amérique du Nord était alimenté par la rivière Assiniboine, qui, au contact du lac proglaciaire Agassiz, a constitué un delta. Aujourd'hui les sables de cet ancien delta forment un écosystème de dunes actives et stabilisées où vivent des espèces de milieu aride, telles que la couleuvre à museau de cochon, une espèce de lézard, de même que deux espèces de cactus.

Spruce Woods Provincial Park is an isolated patch of desert in the fertile prairie of southwest Manitoba. The park's territory is situated on glaciolacustrine sand deposits left by what once was Lake Agassiz. This body of water was the largest proglacial lake to form in North America after the retreat of the Laurentide ice sheet (12,000 years before the present). At the mouth of the Assiniboine River, which flowed into the lake, a delta formed. Today, the sands of the ancient delta constitute an ecosystem of living and stable dunes, providing a home for arid environment species, such as the western hognosed snake, a type of lizard and two species of cactus.

Archibald Stansfeld Belaney

dit GREY OWL

Le 18 septembre 1888, à Hastings, dans la très victorienne Angleterre, naît Archibald Stansfeld Belaney. Jeune enfant, abandonné par ses parents à la tutelle de ses tantes, il est soumis à une éducation sévère. Pour se soustraire à ce quotidien rigide qui le rend malheureux, il collectionne les bestioles insolites, s'amuse à hululer, joue à l'« Indien » et rêve d'Amérique. À l'âge de 17 ans, le rêve prend forme : il émigre vers les terres sauvages du Canada. Dès 1906, à Temagami, en Ontario, où il s'installe, il épouse une Ojibwé. Pendant une vingtaine d'années, en côtoyant les amérindiens Ojibwé qui le surnomment *Wa-Sha-Quon-Asin*, « celui qui vole la nuit », en vivant à leur manière, en pêchant, en trappant, il s'initie à la vie en forêt et à ses secrets. Mais il faudra attendre sa rencontre avec la jeune Iroquoise Anahareo (Gertrude Bernard), en 1925, pour que la conservation de la nature devienne son *credo*.

Grey Owl, ainsi qu'il se fait maintenant appeler – se prétendant né d'un père écossais et d'une mère apache –, abandonne alors ses activités de chasse et de piégeage, jugées trop cruelles par sa nouvelle épouse. Il se rallie à sa cause après avoir recueilli un couple de castors orphelins, et il entreprend de créer une colonie destinée à les protéger et les étudier. Pour faire connaître son projet, il publie, à compter de 1928, une série d'articles pour des revues, dont *Country Life et Forests and Outdoors*. Grâce au soutien d'Anahareo, s'amorce pour Grey Owl une carrière d'« écrivain de la nature ». Ce nouvel apôtre de la conservation de l'environnement, l'un des premiers au Canada, se fait aussi cinéaste et rend compte de sa vie avec les castors dans le film *The Beaver People* (1928). Son action est remarquée par les dirigeants du Service canadien des parcs qui lui offrent un poste de gardien responsable d'un programme de protection des castors, d'abord au Manitoba, puis en Saskatchewan, au parc national de Prince Albert. C'est là, à Beaver Lodge, dans sa cabane au bord du lac Ajawaan, qu'il rédige les trois ouvrages qui feront sa renommée : *Pilgrims of the Wild* (1934), *The Adventures of Sajo and her Beaver People* (1935) et *Tales of an Empty Cabin* (1936). Il effectue aussi des tournées en Grande-Bretagne – on le reçoit même à Buckingham Palace – et au Canada. Fin conteur, comédien-né, il prononce des conférences devant de vastes auditoires attentifs, fascinés par ce « véritable Indien » empanaché venu les rencontrer avec pour seules armes ses récits, ses films et sa foi ardente et sincère en sa mission de sauvegarde de la nature.

De retour à Beaver Lodge, épuisé par ces voyages, Grey Owl ne résiste pas à une pneumonie et décède en avril 1938. Peu après sa mort, les médias dévoilent l'imposture en révélant les origines toutes britanniques de celui qu'on avait cru « Indien ». Ses admirateurs se sentirent floués, mais le bien-fondé de son message de conservation de l'environnement lui survivra.

Naturaliste

182

Naturalist

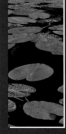

alias GREY OWL

Archibald Stansfeld Belaney was born in Hastings, England on September 18, 1888, in the glory years of Victoria and her Empire. Abandoned by his parents as a young child, Belaney was raised under the strict care of his aunts. To escape his harsh, unhappy childhood, he collected unusual tiny creatures, and liked to hoot and howl and play "Indian," all the while dreaming of America. His dream came true at the age of 17, when he emigrated to the untamed lands of Canada. In 1906, he settled in Temagami, Ontario, where he married an Ojibwa woman. Belaney then spent some 20 years living, fishing, and trapping alongside the Ojibwa people—who nicknamed him Wa-Sha-Quon-Asin, or "He Who Flies at Night." Through this experience, he learned to live in the forest and grasp its secrets. But it was not until 1925, when he met the young Mohawk Anahareo (Gertrude Bernard), that he developed his passion for nature conservation.

It was then that Grey Owl, as he then called himself—he claimed to be the son of a Scottish father and an Apache mother—abandoned the life of hunting and trapping, which his new wife deemed too cruel. After saving a couple of orphaned beavers, he embraced his wife's cause and set to work creating a beaver colony for the purpose of studying and protecting these animals. In 1928, he began to publicize his project through a series of articles printed in such magazines as *Country Life and Forests and Outdoors*. With the support of Anahareo, Grey Owl embarked on his career as a nature writer. This new champion of nature conservation—one of the first of his kind in Canada—was also a film director who recounted his life with the beavers in the movie *The Beaver People*, first shown in 1928. His accomplishments were noted by the heads of the Canadian Parks Service, who offered him a position as warden in charge of a beaver protection program, first in Manitoba, and later in the Prince Albert National Park in Saskatchewan. It was there, at Beaver Lodge, his cabin by Lake Ajawaan, that he wrote the three works that earned him lasting fame: *Pilgrims of the Wild* (1934), *The Adventures of Sajo and her Beaver People* (1935), and *Tales of an Empty Cabin* (1936). He also went on lecture tours in Canada and Great Britain, where he was even invited to Buckingham Palace. A natural-born storyteller, he gave addresses before large groups of attentive listeners fascinated by this "genuine Indian" in feathered regalia, who appeared before them armed with only his tales, movies, and sincere, passionate devotion to protecting nature.

Once back at Beaver Lodge and grown weary from his travels, Grey Owl succumbed to pneumonia and died in April 1938. Shortly after his death, the media discovered his deception and exposed this would-be "Indian's" thoroughly British roots. His admirers may have felt cheated, but the truth of his message of nature conservation would nevertheless live on.

Parmi les seize espèces de rapaces nocturnes du Canada, la chouette des ter- riers est manifestement de petite taille (moins de 25 cm). Celle-ci se distingue aisément par ses longues pattes minces dépourvues de plumes. Son lieu de nidi- fication, c'est-à-dire un terrier qu'elle creuse elle-même, explique en partie son statut d'espèce menacée. Mais les grandes prairies du sud du Manitoba, de la Saskatchewan et de l'Alberta ont été remplacées par des champs cultivés ou des aires de pâturage, à l'intérieur desquels les trous de terrier n'ont jamais été tolérés pour éviter des blessures aux pattes des bêtes broutant dans ces espaces.

The burrowing owl (less than 25 cm long) is clearly one of the smallest of Canada's 16 species of nocturnal birds of prey. It is easily distinguished by its long, slim and unfeathered legs. Its nesting place, which it makes by burrowing into the soil, is one of the factors that have put it on the threatened species list. As the former great prairies of southern Manitoba, Saskatchewan and Alberta were supplanted by arable farmland and grazing areas, these burrows were suppressed on account of the injuries they caused to any grazing animal that happened to stumble into them.

*D*ans le bassin de la rivière Red Deer, à proximité de la localité de Drumheller, de nombreuses cheminées de fées se maintiennent dans un équilibre précaire grâce à la protection d'un « chapeau » d'une roche plus dure, le grès. Les couches inférieures de roches plus tendres, les *siltstones* et *shales*, ont été taillées par l'érosion pluviale des derniers siècles.

---

*I*n the Red Deer River valley, near the town of Drumheller, numerous hoodoos, or rock pillars, do a precarious balancing act. They are topped with hard sandstone caprocks, protecting the lower rock layers of softer siltstone and shale, which have been worn away by rain over the centuries.

*L*es plaines ondulées, les buttes et les badlands du parc national des Prairies (Saskatchewan) ont vu paître au cours des derniers siècles des hardes de bisons et d'antilopes d'Amérique. Ce pâturage et les incendies de prairie cycliques (15 ans) ont réussi à maintenir à l'état naturel cet écosystème. Créé en 2002 après cinquante années de revendications adressées aux gouvernements, ce parc aura comme défi de maintenir ce qui reste des prairies naturelles du Canada. Des moyens comme le pâturage sélectif par des animaux d'élevage ou la gestion par le feu pourront être examinés. L'enjeu est de grande importance, il s'agit de maintenir l'habitat de dizaines d'espèces rares ou menacées, dont les dernières populations de chiens des prairies et de chouettes des terriers.

*O*ver the course of the past few centuries, the rolling plains, buttes and badlands of Grasslands National Park (Saskatchewan) have been grazed by herds of bison and pronghorn antelopes. Such grazing, combined with cyclic prairie fires (about every 15 years), has helped to preserve this ecosystem in its natural state. The park was established in 2002, after 50 years of petitioning various levels of government to take action. The challenge now is to maintain this last relic of Canada's natural prairies. Selective grazing by cattle and fire management are among the solutions being examined. The stakes are high, for the area provides a habitat for dozens of rare or threatened species, including the last remaining populations of black-tailed prairie dogs and burrowing owls.

À l'intérieur des grandes vallées du parc national des Prairies (Saskatchewan), de petits ruisseaux qui y coulent ne donnent guère l'idée de l'importance des rivières postglaciaires qui ont jadis entaillé ces vallées. Une végétation variée (graminées courtes, armoises, saules, etc.) forme l'habitat de deux espèces qui habitent côte à côte dans de telles vallées, à savoir la chouette des terriers et le chien des prairies.

The small creeks that run through the broad valleys of Grasslands National Park (Saskatchewan) provide little inkling of the immense postglacial rivers that once carved out this landscape. A diverse vegetation (short grasses, sagebrush and willows) offers a habitat for two species that live side by side in these valleys—namely, the burrowing owl and the black-tailed prairie dog.

Les boues argileuses durcies mises en place il y a plus de 74 millions d'années demeurent aujourd'hui des roches « très tendres ». Des précipitations importantes font gonfler cette argile durcie nommée localement *bentonite*. Les eaux de pluie entraîneraient annuellement une couche de roche sédimentaire de quatre millimètres par année, ce qui, par rapport à toute surface rocheuse exposée, est extrêmement rapide. Tout ce travail d'érosion élabore ce faciès de ravinement très prononcé, typique du parc provincial des dinosaures (Alberta).

The hardened clay muds that formed over 74 million years ago remain "very soft" rocks even today. Heavy precipitations cause this hardened clay, referred to locally as bentonite, to swell. Every year, rainwater removes a 4-mm layer from the face of the sedimentary rock. Considering the amount of exposed rock surface, this represents extremely rapid erosion. The very deep gullies carved out by such erosion are typical of Dinosaur Provincial Park (Alberta).

Monarde fistuleuse en pleine floraison de juillet dans une prairie du parc national du mont Riding (Manitoba).

Western wild bergamot during its July flowering period in a prairie environment in Riding Mountain National Park (Manitoba).

Rudbeckie des prairies au milieu de leur floraison dans la vallée de la rivière Qu'Appelle (Saskatchewan).

Prairie coneflower during its flowering season in the Qu'Appelle River Valley (Saskatchewan).

S'élevant à une hauteur de 400 à 500 m au-dessus des plaines environnantes, les collines les plus élevées du parc interprovincial Cypress Hills (Saskatchewan et Alberta) dont l'altitude maximale atteint 1465 m, n'ont jamais subi l'effet de la dernière glaciation. Elles constituent d'ailleurs les plus hauts sommets entre les monts Torngat et la cordillère de l'Ouest. Quoique la prairie à fétuque domine le paysage, des bosquets d'épinettes blanches et de pins tordus latifoliés sont toujours présents. Le parc abrite plusieurs espèces d'oiseaux, de reptiles et d'amphibiens, uniquement rencontrés dans les environnements de prairie et de désert des États-Unis. Une de ces espèces disjointes s'observe dans le parc, il s'agit d'un rongeur des déserts, le rat kangourou d'Ord.

Rising 400 to 500 m above the surrounding plains, the highest peaks in Cypress Hills Interprovincial Park (Saskatchewan and Alberta) reach an altitude of 1,465 m. Left completely untouched by the last glaciation, these hills are the highest between the Torngat Mountains and the Western Cordillera. While fescue prairie dominates the landscape, there are also isolated stands of white spruce and lodgepole pine. The park is home to several species of birds, reptiles and amphibians that are found nowhere else beside prairie and desert environments located in the United States. One of the disjunct species that can be found in the park is Ord's kangaroo rat, a desert rodent.

PROVINCES ET
TERRITOIRES TOUCHÉS
*PROVINCES AND
TERRITORIES CONCERNED*

Ontario
Ontario

Québec
Quebec

Plaines tempérées du Sud-Est

Southeast Temperate Plains

Dans cette aire tempérée, qui comprend une partie des bassins des lacs Ontario, Érié et Huron et les basses terres du Saint-Laurent, moins de dix pour cent de l'écozone a gardé un couvert boisé. D'une part, l'urbanisation et l'agriculture expliquent cette transformation récente du paysage. D'autre part, la plupart des forêts ont servi de ressources aux colons depuis les deux derniers siècles. Outre ces usages, les forêts ont subi les assauts des épidémies d'insectes et du verglas. Heureusement, par décision gou-

This temperate ecozone, which encompasses the St. Lawrence Lowlands and part of the Lake Ontario, Erie and Huron basins, has conserved only 10% of its forest cover. This recent transformation of the landscape is due, in the first instance, to urbanization and agriculture. Furthermore, most forests have been extensively cut for their resource potential by the European settlers and their descendants for more than two centuries now. Forests have also been ravaged by insect epidemics and ice storms. Thankfully,

Formé de 1825 îles, l'archipel des Milles Îles situé à l'entrée du lac Ontario, est un haut lieu de biodiversité. Les forêts feuillues, les forêts résineuses, les milieux humides et autres milieux ouverts abritent plus de 800 espèces de plantes supérieures (plantes à fleurs) et 27 espèces de reptiles et d'amphibiens ! C'est en découvrant les baies herbeuses des îles ou les marais à quenouilles qu'il est possible d'y apercevoir une couleuvre aquatique rare, la couleuvre d'eau. Deux essences rares atteignent leurs limites de répartition dans l'archipel. Il s'agit du pin rigide et du chêne blanc qui habitent les sols rocailleux et secs des îles Hill et Grenadier.

Comprising 1,825 islands, the Thousand Islands Archipelago at the entrance to Lake Ontario is thriving with biodiversity. The deciduous and coniferous forests, wetlands, and other open environments are home to over 800 flowering plants (vascular plants) and 27 species of reptiles and amphibians! Exploring the weedy island bays or cat-tail swamps may afford visitors a glimpse of the Northern water snake, a rare aquatic species. Two rare tree species—the pitch pine and white oak—are found only in the archipelago, where they grow in the dry, stony soil of Hill and Grenadier Islands.

vernementale, plusieurs des derniers îlots de biodiversité bénéficient du statut d'aire protégée. Par ailleurs, des organisations de conservation se sont donné la responsabilité de protéger le patrimoine écologique de nombreux boisés et milieux humides, lesquels abondent dans l'axe du Saint-Laurent. C'est justement le long de ce fleuve que vivent plus d'une centaine d'espèces de poisson – dont plusieurs endémiques – et des dizaines d'espèces d'oiseaux migrateurs. Le lac Saint-Pierre, cet immense delta fluvial, constitue d'ailleurs une des plus importantes haltes migratoires de l'Est du Canada.

Cette écozone abrite les régions naturelles les plus chaudes du pays. La température moyenne annuelle varie de 5 °C dans les basses terres du Saint-Laurent à 8 °C dans les basses terres du lac Érié. Les riches forêts feuillues confèrent à cette écozone un caractère distinct. Des peuplements à dominance feuillue, d'érable à sucre, de hêtre, de tilleul d'Amérique, de chêne rouge et de bouleau jaune ornent les collines du territoire. La pruche du Canada et le pin blanc sont aussi présents.

Au Québec, certains écosystèmes comportant des essences rares, ou encore des forêts anciennes, ont été désignés et sont protégés à titre d'écosystème forestier exceptionnel. Les forêts anciennes, le plus souvent des érablières âgées de plus de 300 ans ont été laissées intactes depuis la colonisation. Les forêts rares du Québec comportent des essences rares comme le chêne blanc, le noyer, le caryer cordiforme et le cerisier tardif. Plus au sud, en bordure des lacs Ontario et Érié, quelques reliques de la forêt carolinienne persistent. Ces forêts ayant aussi un caractère exceptionnel abritent des essences rares telles que le sassafras officinal, le tulipier de Virginie, le platane occidental et le magnolia acuminé.

Bien que plusieurs espèces fauniques soient aujourd'hui disparues en raison de la perte d'habitat, certaines espèces de mammifères abondent dans les forêts et les milieux agroforestiers; mentionnons le cerf de Virginie, le lapin à queue blanche, le raton laveur et l'écureuil gris. Parmi les espèces d'oiseaux caractéristiques de cette écozone, on note le cardinal rouge, le pic à tête rouge, l'oriole du Nord. D'autres espèces plus rares atteignent la limite nordique de leur répartition dans l'écozone tempérée : mentionnons le pic à ventre roux, le dindon sauvage et le héron vert. Par ailleurs, un mammifère marsupial habite quelques rares boisés en bordure des cours d'eau, il s'agit de l'opossum d'Amérique.

L'activité économique intensive associée à une très forte densité de population – près de la moitié de la population canadienne habite ce

the government has decided to grant these last islands of biodiversity the status of protected areas. Conservation organizations have made it their duty to protect the ecological heritage of numerous woodlands and wetlands throughout the St. Lawrence basin. The river itself is home to over a hundred species of fish, many of them endemic, as well as dozens of migratory bird species. Lac Saint-Pierre, an immense fluvial delta, is one of the most important migratory stopovers in eastern Canada.

This ecozone encompasses the warmest natural regions in Canada. Average annual temperature ranges from 5°C in the St. Lawrence Lowlands to 8°C in the Lake Erie Lowlands. Lush deciduous forests make for a distinctive zone. Stands dominated by deciduous species such as sugar maple, beech, American basswood, red oak, and yellow birch grace the ecozone's hills. Canadian hemlock and white pine are also present.

In Québec, certain ecosystems with rare tree species or old-growth forests have been declared exceptional forest ecosystems and are protected as such. Old-growth forests—most often maple stands over 300 years old—have remained untouched since the period of European settlement. Québec's unique forests are home to rare tree species such as white oak, butternut, bitternut hickory and black cherry. Further south, along the shores of Lake Ontario and Lake Erie, some remnants of the Carolinian forest live on in exceptional stands featuring such uncommon species as Laurier sassafras, tulip tree, sycamore and cucumber tree.

Though many wildlife species have by now disappeared due to habitat loss, some mammal species nevertheless continue to thrive in forests and rural areas, notably the white-tailed deer, eastern cottontail rabbit, racoon and grey squirrel. Characteristic bird species of this ecozone include the northern cardinal, red-headed woodpecker and northern oriole. For other rarer species, including the red-bellied woodpecker, wild turkey and green-backed heron, the temperate ecozone marks the northern limits of their range. Furthermore, one species of marsupial—the Virginia opossum—has elected to make its home in a few rare woodlands bordering lakes and streams.

The heavy economic activity associated with a very high population density—nearly half of all Canadian live in this ecozone—presents a genuine challenge in terms of managing natural environments. Small protected areas (covering several dozens of square kilometres) are located on the outskirts of urban and agricultural areas. The species found in these natural environments are thus isolated despite efforts to reintroduce

territoire – représente un réel défi de gestion des milieux naturels. Les aires protégées de faible superficie (quelques dizaines de kilomètres carrés) sont situées en périphérie d'aires urbanisées ou agricoles. Les espèces de ces milieux naturels sont ainsi isolées malgré des efforts de réintroduction de certaines espèces indigènes. La création de nouvelles aires protégées et d'habitats fauniques protégés doit être envisagée, de même que la mise en place de schémas d'aménagement régionaux qui rendent possible l'harmonisation des fonctions de conservation et des autres utilisations du territoire. 🍁

certain native species. Further efforts must be devoted to creating additional protected areas and wildlife habitats and to implementing regional land management plans serving to balance conservation practices and other land uses. 🍁

Le parc national de Pointe-Pelée, cette immense péninsule de sable de 17 km qui s'avance dans le lac Érié, constitue le lieu le plus méridional du Canada. Le parc est un arrêt migratoire nécessaire après la traversée du lac Érié. On y a observé en une seule journée 100 000 becs-scies, 20 000 bruants à gorge blanche, 2500 cygnes siffleurs et 1000 hirondelles des granges ! En tout, 350 espèces d'oiseaux y ont été vues.

Point Pelee National Park—an immense sand peninsula extending 17 kilometres into Lake Erie—is the most southerly point in Canada. Nearly 40% of all bird species in North America—350 species in total—have been seen in this birdwatcher's paradise. Located on the Mississippi and East Atlantic flyways, the park is a requisite migratory stopover after crossing Lake Erie. Birds passing through Point Pelee during the May migration also come in very large numbers. In a single day, birdwatchers have spotted 100,000 mergansers, 20,000 white-throated sparrows, 2,500 tundra swans and 1,000 barn swallows!

Pierre Dansereau

C'est dans l'Outremont des années 1910 que Pierre Dansereau s'ouvre à la nature en fréquentant le tout proche mont Royal. C'est vers le droit que sa prise de conscience des injustices sociales et son goût de la contestation politique – préoccupations qui ne l'abandonneront jamais – l'orientent d'abord avant qu'il bifurque vers les sciences agricoles et éprouve une forte inclination pour la botanique. À la suite de l'obtention de son doctorat de l'Université de Genève, il entre à l'Université de Montréal et fait ses premières armes auprès du frère Marie-Victorin. Il s'est d'abord fait remarquer par ses travaux en biogéographie et sa synthèse des formes de végétation du monde. Dansereau est d'ailleurs le premier à offrir un enseignement en écologie. Mais son attitude dérangera l'ordre établi des années 1950. Il s'exile alors à l'Université Michigan, à Ann Arbour, de 1950 à 1955.

Connu pour ses nouvelles approches d'étude de la végétation, de cartographie écologique, et ses modèles d'utilisation des terres, l'écologiste a jeté les bases d'une assise véritablement écosystémique à l'écologie. Dans cette vision renouvelée, les paramètres environnementaux, c'est-à-dire le sol, la géologie, le climat, dictent la nature des relations entre les espèces, et de celles-ci avec leur environnement. C'est d'ailleurs dans l'œuvre marquante *Biogeography, An Ecological Perspective* (1957), qu'il donne à l'environnement humain et à l'espèce humaine un rôle dans la structure et le fonctionnement des écosystèmes. Par ailleurs, c'est au cours des années 1960 qu'il réalise à l'Université Columbia (New York) des études novatrices sur l'environnement urbain. De retour au Québec en 1968, il enseigne l'écologie et l'aménagement du territoire. Dès le début des années 1970, il s'engage dans l'étude écologique de la zone de l'aéroport international de Mirabel, qui visait bien sûr à l'intégration des études environnementales dans la planification des grands travaux de génie. Depuis son arrivée à l'Université du Québec à Montréal, en 1972, il dirige le Centre de recherche en sciences de l'environnement. Il est nommé professeur émérite de cette université en 1976.

Professeur invité dans une vingtaine d'universités d'Europe, des Amériques, de l'Asie et d'Australie, cet homme omniscient est un des fondateurs de l'écologie. Promoteur de l'approche multidisciplinaire, et pédagogue des liens multiples et complexes entre les êtres humains et leur milieu, il a toujours mis en question l'impact de l'action humaine sur l'équilibre des systèmes écologiques. Il décrie l'accroissement vertigineux de la population, la croissance industrielle peu respectueuse de l'environnement et les pratiques d'aménagement inadéquates. Toujours préoccupé par l'engagement social et politique, ses écrits des quarante dernières années constituent un plaidoyer pour l'écodéveloppement. En effet son œuvre écrite expose le caractère impératif d'un rapport humain harmonieux avec l'air, l'eau et le sol. Jusqu'à aujourd'hui, il a professé par ses luttes et ses enseignements une éthique environnementale et une éthique de l'homme axées sur le respect de la nature et des humains.

Pierre Dansereau, professeur, idéologue, humaniste, est ce mentor d'une écologie mondiale, qui a fait le pont entre les sciences de la nature et les sciences humaines. Il est sans doute un des premiers architectes du concept de développement durable, devenu le *credo* des nations du XXIᵉ siècle.

Écologiste
194
Ecologist

Pierre Dansereau became interested in nature in the 1910s in Outremont as he visited neighbouring Mount Royal. Initially, his growing awareness of social injustice and a taste for political protest—issues that concerned him for the rest of his life—steered him toward a career in law. Eventually, however, he started to turn his attention to agricultural science and felt particularly drawn to botany. After earning a Ph.D. from the University of Geneva, he entered Université de Montréal and began studying with Brother Marie-Victorin. He first attracted notice for his work in biogeography and his synthesis on plant forms from around the world. Dansereau was the first to offer courses in ecology, but his views ran counter to the established order of the 1950s. He therefore left Québec to work for the University of Michigan in Ann Arbour from 1950 to 1955.

This ecologist, who is renowned for his new approach to the study of vegetation and ecological mapping and for his land use models, laid the foundations of truly ecosystem-based ecology. According to this new perspective, relationships between species and between species and their environment are dictated by environmental parameters, namely, soil, geology and climate. In his influential work *Biogeography, An Ecological Perspective* (1957), the human environment and human beings are described as playing a role in the functioning of ecosystems. In the 1960s, Dansereau conducted a number of ground-breaking studies on urban environments at Columbia University in New York. After returning to Québec in 1968, he taught ecology and land use planning, and, in the early 1970s, did an ecological study of the future site of Mirabel International Airport, which aimed to make environmental studies integral to the planning of major engineering projects. As of 1972, he served as director of the Centre de recherche en sciences de l'environnement at Université du Québec à Montréal. He was named a professor emeritus of this university in 1976.

This extremely knowledgeable man, who was a visiting professor in some 20 universities in Europe, the Americas, Asia and Australia, is one of the founders of ecology. Promoting a multidisciplinary approach and explaining the many complex links that exist between human beings and their environment, he has always called into question the impact of human activities on the equilibrium of ecosystems. He has decried spiralling population growth, non-environmentally-friendly industrial development and inadequate land management practices. In keeping with his constant commitment to social and political issues, his writings of the past 40 years constitute a plea for environmentally sound development, in that they stress the need for a harmonious relationship between mankind, air, soil and water. To this day, through his teachings and the causes he has championed, he has affirmed his belief in environmental and human codes of ethics based on respect for nature and mankind.

Pierre Dansereau, a professor, visionary and humanist, is the mentor of ecology on a global scale who bridged the gap between natural science and social science. His is no doubt one of the architects of the concept of sustainable development, which has become of the credo of nations in the 21st century.

Quoique les forêts du parc national des Îles-du-Saint-Laurent aient constitué un réservoir de ressources pour les Amérindiens Mississauga et les colons américains loyalistes établis à la fin du XVIIIe siècle, plusieurs forêts conservent aujourd'hui des traits des forêts précoloniales. Un boisé d'érables à sucre et de hêtres couvert de trilles grandiflores coiffe le sommet d'une petite crête rocheuse d'une des vingt-trois îles du parc.

Though the forests of the St. Lawrence Islands National Park of Canada were a storehouse of resources for the Mississauga, an aboriginal nation, and the United Empire Loyalists who settled in the region in the late 18th century, many forests continue today to present a pre-colonial countenance. A stand of sugar maple and American beech covered with white trilliums graces the summit of a small rocky crest on one of the park's 23 islands.

La nymphée odorante, aussi nommée nénuphar blanc, occupe une variété d'habitats aquatiques, des eaux pauvres des lacs tranquilles et des tourbières fermées aux eaux riches des tourbières herbacées (*fens*) ou milieux riverains. De nombreux étangs du parc provincial du lac Supérieur abritent ce nénuphar.

The fragrant water lily—also known as the white pond lily—is found in a variety of aquatic habitats, from the nutrient-poor waters of bogs and still lakes to the nutrient-rich waters of fens and river environments. Many ponds in Lake Superior Provincial Park are home to this lily.

Ce cactus en forme de raquette est la seule espèce de cactus adaptée au climat tempéré du sud de l'Ontario. Découvert dans l'est du Canada par le naturaliste John Macoun en 1883, cette espèce croît sur des sols sablonneux ou rocailleux secs dans les environs de Pointe-Pelée et de l'île Pelée. La survie des cactus serait imputable à un mécanisme d'hivernage singulier. Les plantes perdent leur eau à l'automne, la sève comportant alors un contenu en eau moindre agirait comme une substance antigel. Cette espèce très rare est aussi entourée de quelques-unes des essences d'arbres les plus rares au Canada, soit des vestiges de la forêt carolinienne : le frêne anguleux, le tulipier de Virginie , le ptéléa trifolié, le platane occidental.

This prickly-pear cactus is the only species of cactus adapted to southern Ontario's temperate climate. Discovered in eastern Canada in 1883 by naturalist John Macoun, this species grows in dry sandy or gravelly soils around Point Pelee and Pelee Island. The cactus survives due to a unique hibernation mechanism. The plants dehydrate in the fall, concentrating their sap into an antifreeze solution. This very rare species is also located amidst some of the rarest tree species in Canada, remnants of the Carolinian forest: the blue ash, tulip tree, common hoptree and sycamore.

Les eaux turbulentes des chutes Niagara (Ontario) creusent les lits de schistes fragiles du bassin de la chute, ce qui entraîne l'effondrement des lits supérieurs constitués de calcaire. Ce processus est dynamique puisque le recul des chutes y serait de près de 1,2 mètre par année. En effet, à partir de leur découverte par le missionnaire belge Louis Hennepin, en 1678, ces chutes de 55 mètres de hauteur ont vraiment changé de configuration, tel qu'en témoignent les représentations d'artistes depuis les deux derniers siècles.

The roaring waters of Niagara Falls (Ontario) carve away at the fragile shale beds of the falls basin, causing the upper limestone beds to collapse. It is a particularly dynamic process, for it pushes the falls back at a rate of close to 1.2 metres per year. Since their discovery in 1678 by Belgian missionary Louis Hennepin, these 55-metre-high falls have changed remarkably, as is attested in the works of artists reaching back 200 years.

Conrad Kirouac

Fils d'un commerçant prospère de Québec, ce brillant élève décide, au terme d'études commerciales et contre la volonté de son père, de devenir frère des Écoles chrétiennes et de se consacrer à l'enseignement. Malgré une santé fragile, il se dévoue pleinement pour ses élèves. C'est d'abord l'intérêt qu'il manifeste pour la botanique lors de ses temps libres qui l'amène à se perfectionner et à établir des contacts avec les experts étrangers. Déjà en 1920, il est devenu spécialiste et enseigne la botanique à la Faculté des sciences de l'Université de Montréal. En 1922, le frère Marie-Victorin présente une thèse sur les fougères du Québec et obtient un doctorat. Nommé professeur titulaire en 1924, il fut chargé par le chancelier de l'université de créer le Jardin botanique et d'organiser la recherche scientifique.

C'est sans doute par son charisme et son influence auprès du milieu politique qu'il réussit, malgré la morosité des années 1930, à établir le Jardin botanique de Montréal, qui devint par ailleurs un immense chantier pour les chômeurs de l'époque. À partir de 1933, avec l'appui du maire de Montréal, Camilien Houde, le Jardin botanique va se développer pour enfin accueillir le public en 1938.

L'œuvre maîtresse de Marie-Victorin, *La Flore laurentienne*, fut probablement présente dans l'esprit du savant autodidacte dès ses herborisations et en feuilletant la *Flore canadienne* de l'abbé Provancher. Ses travaux au laboratoire de botanique de l'université ont permis la réalisation de cet ouvrage encyclopédique sur la flore du Québec qui parut en 1935. Plus qu'un inventaire, c'était un ouvrage où les espèces de la flore, inscrites dans une perspective évolutionniste moderne, étaient bien ancrées dans les habitats naturels d'un pays marqué par la déglaciation. Les explorations botaniques du maître eurent aussi lieu en Afrique du Sud, à Haïti et à Cuba. Au Québec, c'est en Minganie qu'il découvrit une nouvelle espèce, le chardon de Mingan. Cette espèce très rare (*Circium foliosum*) s'est révélée être une espèce disjointe présente dans l'ouest du Canada.

Toute la vie de Marie-Victorin a été marquée par l'enseignement, d'abord au collège de Longueuil. À la suite de la fondation du Jardin botanique, il reprend sa mission auprès des jeunes et fonde, en 1936, les Cercles des jeunes naturalistes consacrés à l'éducation aux sciences naturelles. Son enseignement se poursuit également auprès des horticulteurs et des citoyens dans le cadre de conférences publiques. Le pédagogue a aussi été un des fondateurs de la grande société savante, l'Association canadienne-française pour l'avancement des sciences.

Dans ses conférences, Marie-Victorin insistait sur la nécessité pour les Canadiens français de s'inscrire dans le développement de la science et de la connaissance de leur territoire, afin de devenir maîtres de leur économie et de leur avenir. L'influence de ce leader dans le domaine des sciences fut gigantesque, bien sûr à l'Université de Montréal, mais aussi dans la vie scientifique, intellectuelle et politique de Montréal et du Québec. Ce religieux qui, encore jeune souhaitait enseigner aux enfants pauvres, a marqué la première moitié du XXe siècle au Québec.

Botaniste
Botanist

Conrad Kirouac, the son of a wealthy Québec businessman and a brilliant student, decided after finishing his commercial studies and against the wishes of his father to become a brother of the Christian Schools and a teacher. Despite his fragile health, he devoted himself completely to his students. During his free time, however, he began to develop an interest in botany, which eventually led him to seek further training and establish ties with foreign experts. By 1920, he was already an expert himself and had started to teach botany at the science faculty of Université de Montréal. In 1922, Brother Marie-Victorin submitted a thesis on the ferns of Québec and was awarded a doctorate. In 1924, he became a tenured professor at the university and was asked by its chancellor to set up a botanical garden and organize scientific research.

It was no doubt because of his charisma and his influence in political circles that Marie-Victorin was able, despite the depressed economic climate of the 1930s, to establish the Montréal Botanical Garden, which became a major source of work for the unemployed at the time. As of 1933, the botanical garden developed with the support of Camilien Houde, the Mayor of Montréal, and it was finally opened to the public in 1938.

Marie-Victorin's major work *La Flore laurentienne* was probably already taking shape in the mind of this self-taught scholar during his botany excursions and as he read Father Provancher's *Flore canadienne*. A veritable encyclopaedia of Québec plants, this volume was made possible by the work he performed in the botany laboratory of Université de Montréal with the help of numerous assistants, and it met with an excellent reception when it was published in 1935. More than just an inventory, it presented the different species of plants from a modern evolutionary perspective and situated them in the various natural habitats of this country, which had been affected by the deglaciation. Marie-Victorin's botany research also took him to South Africa, Haiti and Cuba. In Québec, he discovered a new species in the area surrounding the Mingan Archipelago, the Mingan thistle (*Circium foliosum*), an extremely rare plant type that proved to be a disjunct population of a species found in Western Canada.

Teaching played a major role throughout Marie-Victorin's life, starting with the time he spent at Collège de Longueuil. After the Montréal Botanical Garden was created, he resumed his work with young people and, in 1936, founded the Cercles des jeunes naturalistes (Young Naturalists Clubs), devoted to providing instruction in natural science. He also gave lectures to horticulturists and the general public. In addition, this educator was one of the founders of the prestigious learned society, the Association canadienne-française pour l'avancement des sciences.

During his lectures, Marie-Victorin stressed the need for French Canadians to take part in developing science and improving knowledge about their country if they were to gain control of their economy and their future. He was a leader who had a tremendous impact on the discipline of science, at Université de Montréal of course, and on the scientific, intellectual and political life of Montréal and Québec as a whole. This religious, who as a boy had hoped to teach poor children one day, left his mark on the first half of the 20th century in Québec.

Pogonie langue-de-serpent, la très odorante orchidée grégaire des tourbières de l'est du Canada est aussi présente dans des milieux humides de la Chine et du Japon.

Rose pogonia (snakemouth), the strongly scented gregarious orchid of eastern Canada bogs, is also found in the wetlands of China and Japan.

Les feuilles en forme de trompette, garnies à l'intérieur de poils dirigés vers le bas, déploient un moyen efficace pour diriger les insectes vers la base des feuilles-trompette. Un enzyme sécrété par la feuille permet subséquemment la digestion des insectes, ce qui procure à la sarracénie pourpre une source d'azote. Les sarracénies abondent dans les tourbières à sphaigne de l'île Miscou (nord-est du Nouveau-Brunswick).

The pitcher-shaped leaves with downward-curved hairs on the inside are an effective way to direct insects toward the base of the pitcher. An enzyme secreted by the leaves digests insects, which provide the purple pitcher plant with a source of nitrogen. Purple pitcher plants are common in peat bogs on Miscou Island in Northeastern New Brunswick.

Surplombant les eaux cristallines de la baie Georgienne, ce monolithe de 15 mètres de hauteur de l'île Flowerpot constitue une des signatures visuelles du parc national de la Péninsule-de-Bruce. Les monolithes ont été formés par l'érosion et la désagrégation des lits de calcaire et de dolomie de l'escarpement du Niagara formé il y a plus de quatre cents millions d'années.

Overlooking the crystal-blue waters of Georgian Bay, this 15-metre-high rock pillar on Flowerpot Island is one of the visual landmarks of Bruce Peninsula National Park. The pillars took shape through erosion and the weathering of the limestone and dolomite beds of the Niagara escarpment formed over 400 million years ago.

Quoique d'immenses superficies de la péninsule de Bruce aient été déboisées à la fin du XIXᵉ siècle, des éléments exceptionnels du monde végétal subsistent. Ainsi, plusieurs dizaines d'espèces calcicoles (démontrant des affinités pour les milieux calcaires riches en calcium) d'orchidées et de fougères rares habitent encore les environs du parc de la Péninsule-de-Bruce. Les abords de la pointe Halfway Rock sont ici colonisés par des pins blancs, des sapins de taille arborescente, mais aussi par des cèdres arbustifs qui dans plusieurs cas datent de la colonisation du Canada par les Européens.

While vast tracts of the Bruce Peninsula were deforested in the late 19th century, unique specimens from the plant world live on. Many dozens of calcicolous species (plants that thrive in lime-rich environments), orchids, and rare ferns still inhabit the area around Bruce Peninsula National Park. Here, the shores of Halfway Rock point have been colonized by white pines, balsam fir and Eastern white cedars, which in many cases date back to the settlement of Canada by Europeans.

Catharine Parr Strickland Traill

1802-1899

Née en banlieue de Londres le 9 janvier 1802, Catharine Parr Strickland grandit dans la campagne anglaise, auprès de ses cinq sœurs et de ses deux frères, dans une famille où la curiosité intellectuelle est fortement stimulée et le développement du sens de l'observation et de l'autonomie encouragé. C'est tout enfant, accompagnant son père à la pêche, qu'elle découvre les beautés et la richesse de la nature, c'est aussi très jeune qu'elle commence à écrire et à être éditée, activité qui sera d'un grand secours financier pour la famille à la suite du décès du père, en 1818.

En 1832, elle épouse Thomas Traill avec qui elle décide de s'établir dans le Haut-Canada, cet « étonnant pays » qu'elle s'était plu à imaginer dans un de ses ouvrages. La nouvelle Canadienne, qui cultive l'équilibre en toutes choses, s'adapte rapidement à cette terre qu'elle a choisie et publie, en 1836, un ouvrage qui l'illustre bien : *The backwoods of Canada : being letters from the wife of an emigrant officer, illustrative of the domestic economy of British America*, comportant déjà un chapitre sur les fleurs du Canada et les mérites de la botanique. Pendant les 14 années au cours desquelles elle donne naissance à neuf enfants, elle poursuit son métier d'écrivain. Elle publie plusieurs guides pratiques à l'intention des immigrants qu'elle se plaît à prendre sous sa houlette ainsi que de courts textes sur la nature qui paraissent dans des périodiques londoniens. Toute sa vie, en dépit de la misère et de la maladie de son mari, sa passion pour la nature ne se dément jamais. Elle poursuit ses recherches sans relâche, collectionnant et étudiant des spécimens de fleurs, d'herbes et de fougères, notant avec soin ses observations dans ses carnets. Dans les années 1860, après de vaines tentatives de publication de ses travaux de botanique, elle s'associe avec sa nièce, Agnes Fitzgibbon, habile dessinatrice de fleurs et lithographe, et trouve un éditeur. Plusieurs ouvrages fort admirés par des spécialistes pour la qualité de leurs descriptions naissent de cette association : *Canadian wild flowers*, paru en 1868 (tiré à 500 exemplaires, il a fait l'objet d'une réédition en 2003), *Studies of plant life in Canada; or, gleanings from forest, lake and plain*, paru en 1885, et *Pearls and pebbles; or, notes of an old naturalist*, publié en 1894.

Malgré la maladie et la surdité qui la handicapent à la fin de sa vie, Catharine Parr Strickland poursuivra ses travaux jusqu'à un âge avancé. En août 1899, à l'âge vénérable de 97 ans, elle décède à Lakefield, un village du centre de l'Ontario que les familles Strickland et Traill ont contribué à bâtir.

Botaniste

202

Botanist

Born in the suburbs of London on January 9, 1802, Catharine Parr Strickland grew up in the English countryside with her five sisters and two brothers. Intellectual curiosity was greatly stimulated in her family and the children were encouraged to become self-reliant and develop a sense of observation. When she was just a young girl, she discovered the beauty and richness of nature while fishing with her father. She was also very young when she began to write and be published, providing much-appreciated financial support for her family after the death of her father in 1818.

Catharine Parr Strickland married Thomas Traill in 1832 and, together, they decided to move to Upper Canada, that "astonishing country" she had delighted in imagining in one of her books. This new Canadian, who sought balance in all things, soon adapted to the land she had adopted, as shown by the book she published in 1836, *The backwoods of Canada: being letters from the wife of an emigrant officer, illustrative of the domestic economy of British America*. It is interesting to note that, even at this early stage in her work, she decided to include a chapter on Canadian flowers and the merits of botany. Over the 14-year period in which she gave birth to nine children, she pursued her craft as a writer, publishing several practical guides for immigrants, whom she enjoyed taking under her wing, as well as a number of short texts on nature, which appeared in periodicals put out in London. Throughout her life, her passion for nature never waned, despite poverty and her husband's illness. She pursued her research unremittingly, collecting and studying specimens of flowers, grasses and ferns and carefully noting her observations in notebooks. In the 1860s, after trying in vain to have her botany work published, she joined forces with her niece Agnes Fitzgibbon, an excellent flower drawer and lithographer, and soon found a publisher. Their association gave rise to several books that are greatly admired by botany experts because of the quality of their descriptions: *Canadian wild flowers*, published in 1868, *Studies of plant life in Canada; or, gleanings from forest, lake and plain*, published in 1885, and *Pearls and pebbles; or, notes of an old naturalist*, published in 1894. *Canadian wild flowers*, which had a print run of 500 copies, was republished in 2003.

Despite the illness and deafness that afflicted her at the end of her life, Catharine Parr Strickland continued her work until she was quite advanced in years. In August 1899, she died at the venerable age of 97 in Lakefield, a village in central Ontario that the Strickland and Traill families had helped to build.

Majestueux saule en bordure du lac Érié.

A stately willow on the shore of Lake Erie.

En avril et mai, les boisés de la vallée du Saint-Laurent se parent d'un nouveau manteau… la nouvelle feuillaison, la sortie des crosses de violon et l'émergence des populages des marais. Ce boisé d'Hinchinbrook (Montérégie), est une des forêts anciennes du Québec maintenue intacte par ses propriétaires anglais. La diversité d'essences y est remarquable : érable à sucre, érable noir, frêne noir, frêne d'Amérique, orme d'Amérique, orme rouge, tilleul d'Amérique, caryer cordiforme.

In April and May, the woodlands of the Eastern Townships don a new mantle of foliation with the appearance of fiddleheads and marsh marigolds. This wooded area in Hinchinbrook, located in Québec's Montérégie region, is one of Québec's old-growth forests. Its English-speaking owners have kept it intact for centuries. It is home to a remarkable array of tree species: sugar maple, black maple, black ash, white ash, white elm, slippery elm, basswood and bitternut hickory.

204

*H*ivernant au Pérou et au Brésil, la paruline jaune est une espèce avienne connue de toutes les régions habitées du Canada. Elle habite les milieux ouverts naturels ou créés de la main de l'homme, là où une végétation arbustive prédomine. Quoique plus fréquente dans les régions de forêts feuillues ou mélangées, elle nidifie aussi dans les régions de forêt boréale.

Wintering in Peru and Brazil, the yellow warbler is an avian species found in all inhabited regions of Canada. It lives in natural or man-made open environments with abundant shrub vegetation. While it is more common in deciduous or mixed forest regions, it also nests in boreal forest regions.

Alice Evelyn Wilson

Paléontologue de renommée mondiale et l'une des plus connues dans l'ensemble des géologues canadiens, Alice Evelyn Wilson fut une pionnière dans un monde jusqu'alors chasse gardée masculine. Déjà, petite fille, des exemples non traditionnels s'offrent à elle : une mère mathématicienne, une parentèle enseignant au niveau universitaire, des frères qui deviennent l'un mathématicien, l'autre géologue. À l'instar de ces modèles, elle démontre une vive curiosité scientifique, se découvrant une prédilection pour les sciences naturelles. Nul doute que cette atmosphère où l'on chérit la connaissance l'incita à poursuivre des études supérieures.

Malgré sa faible constitution et l'anémie chronique qui l'afflige, la jeune Ontarienne originaire de Cobourg se montre déterminée. En 1901, elle entre à l'Université de Toronto d'où elle sera diplômée dix ans plus tard. Il faut dire qu'au moment de s'inscrire à l'université, elle occupe déjà depuis un an un poste au sein de la Commission de géologie du Canada. Ce sera d'ailleurs la première femme scientifique embauchée par la célèbre institution fondée par Logan. Elle y évoluera pendant près de quarante ans, passant d'assistante dans un musée, à paléontologue et géologue reconnue. À compter de 1911, on confie à la nouvelle bachelière des travaux sur le terrain pour lesquels elle se passionne d'emblée. Jusqu'à sa retraite, en 1963, elle multiplie les explorations largement dédiées à l'étude de la formation géologique de la vallée de l'Outaouais et publie, en 1956, *A Guide to the Geology at the Ottawa District*. Elle devient une autorité reconnue dans le domaine des formations paléozoïques de l'est de l'Ontario, dont elle a relevé la distribution, la stratigraphie et la structure. Parallèlement, elle rédige cahiers et monographies décrivant nombre de fossiles, surtout de l'âge ordovicien.

Soucieuse de parfaire ses connaissances, elle entreprend un doctorat en 1925. Boursière de la Canadian Federation of University Women's Clubs, elle entre à l'Université de Chicago. Quatre ans plus tard, la docteure Alice Wilson est de retour à Ottawa. À ses fonctions à la Commission, elle jumelle désormais une tâche de professeur et de conférencière à l'Université Carleton. Envers ses étudiants, elle sait déployer patience et écoute, et, surtout, elle est douée de la précieuse faculté d'expliquer simplement. En outre, lors de ses expéditions, elle aime s'entourer de jeunes avides de savoir à qui elle révèle dans une langue claire les arcanes de la géologie et de la paléontologie. C'est dans cet esprit qu'elle publie, en 1947, une histoire de la géologie destinée aux enfants : *The Earth Beneath Our Feet*.

Par son enseignement, ses conférences, ses travaux sur le terrain, ses publications et ses expositions, Alice Wilson n'avait de souci que de rendre la géologie accessible à un large public. Après sa mort, survenue en avril 1964, la Fédération canadienne des femmes diplômées des universités ainsi que la Société royale du Canada, dont elle fut, en 1938, la première femme membre associée, ont salué sa contribution aux mondes universitaire et scientifique en créant une bourse en son honneur.

Alice Evelyn Wilson, a world-renowned paleontologist and one of Canada's most famous geologists, was a pioneer in a field that had thus far been the preserve of men. While still a youngster, she was exposed to a number of non-traditional role models, since her mother was a mathematician, one of her relatives taught at university and one of her brothers became a mathematician and the other a geologist. Like these role models, she displayed a lively curiosity about science and, eventually, she discovered a predilection for natural science. Her decision to pursue a university education was no doubt related to her early life in an environment where knowledge was so highly valued.

Despite a weak constitution and chronic anemia, this young girl from Cobourg, Ontario, was very determined. In 1901, she entered the University of Toronto and, within 10 years, she had obtained a degree. It should be noted that when she enrolled in university, she had already been working for the Geological Survey of Canada for a year. In fact, she was the first woman scientist ever hired by this famous institution founded by William Edmond Logan. She continued to work there for nearly 40 years, making her way up from museum assistant to paleontologist and renowned geologist. In 1911, after completing her bachelor's studies, Wilson was asked to do field work, a task she loved immediately. Up until her retirement in 1963, she undertook many expeditions devoted largely to studying the geological formations of the Ottawa Valley, and, in 1956, she published *A Guide to the Geology at the Ottawa District*. She became a recognized authority in the Paleozoic formations of eastern Ontario, having recorded their distribution, stratigraphy and structure. She also wrote guides and monographs describing numerous fossils, particularly from the Ordovician era.

Anxious to broaden her knowledge, Wilson started work on a doctorate in 1925 at the University of Chicago, where she enrolled with a scholarship from the Canadian Federation of University Women's Clubs. Four years later, she returned to Ottawa with a Ph.D. In addition to working for the Geological Survey, she now served as a professor and lecturer at Carleton University. She was very patient with her students and took the time to listen to them; above all, however, she had the precious gift of being able to explain things simply. While on expeditions, she loved being surrounded by young people who were eager to learn and to whom she could explain in a clear, uncomplicated manner the mysteries of geology and paleontology. It was in the same spirit that she published a history of geology for children, *The Earth Beneath Our Feet*, in 1947.

Through her teaching, lectures, field work, publications and expeditions, Alice Wilson simply strove to make geology accessible to a wide audience. After she died in April 1964, the Canadian Federation of University Women and the Royal Society of Canada, of which she was the first woman to become a fellow in 1938, paid tribute to her contribution to both the university and scientific communities by creating a scholarship in her honour.

$\mathcal{D}$e plus de 60 mètres de hauteur, certaines falaises calcaires de l'escarpement du Niagara font saillie sur les plaines et plateaux sédimentaires de l'Ontario méridional. Une longue crête de roche calcaire, associée à un système de faille, sillonne la rive sud du lac Ontario jusqu'à l'île Manitoulin dans le lac Huron. C'est dans cette île – la plus grande de la planète située en eau douce – que s'érige ce belvédère naturel qui donne une vue splendide sur les terres forestières de l'île Manitoulin.

$\mathcal{O}$ver 60 metres high, some limestone cliffs of the Niagara escarpment overlook the sedimentary plains and plateaus of southern Ontario. A long limestone crest that is part of a fault system skirts the south shore of Lake Ontario up to Manitoulin Island in Lake Huron. This natural lookout on the world's largest freshwater island offers a panoramic view of Manitoulin Island's densely wooded lands.

PROVINCES ET
TERRITOIRES TOUCHÉS
*PROVINCES AND
TERRITORIES CONCERNED*

Île-du-Prince-Édouard
Prince Edward Island

Nouveau-Brunswick
New Brunswick

Nouvelle-Écosse
Nova Scotia

Québec
Quebec

Appalaches et Maritimes

Appalachians and the Maritimes

Chapitre **9** *Chapter*

Les terres orientales du pays regroupent les Appalaches du Québec et du Nouveau-Brunswick, les milieux forestiers et côtiers du Nouveau-Brunswick, de la Nouvelle-Écosse et de l'Île-du-Prince-Édouard. Ce territoire de grande diversité écologique réunit des écosystèmes ayant des éléments de flore et de faune fort distincts. Ainsi, on observe aisément les contrastes entre les cordons littoraux et les dunes, les forêts mélangées, les milieux alpins des Chic-Chocs, et les plateaux boréaux des hautes terres de l'île du Cap-

Eastern Canada embraces the Appalachians of Québec and New Brunswick as well as the forest and coastal environments of New Brunswick, Nova Scotia and Prince Edward Island. This land of great biodiversity encompasses ecosystems having distinctive types of flora and fauna. Thus, the contrasts are readily apparent between, for example, coastal environments and sand dunes, mixed forests, alpine environments (such as in the Chic-Chocs) and boreal plateaus (Cape Breton Highlands). This

Complexes de dunes actives, de plages de sable fin et de falaises de grès découpées par l'érosion des vagues, cela résume bien la nature de la côte du parc national de l'Île-du-Prince-Édouard.

Shifting dunes, fine sandy beaches and sandstone cliffs carved by wave erosion epitomize the shoreline of Prince Edward Island National Park.

Breton. Cette diversité écologique est engendrée par la diversité du relief, celle des assises rocheuses et la nature du climat. Tout un gradient de relief s'exprime. On y remarque les sommets de toundra alpine des monts Jacques-Cartier, Albert, Logan au Québec, la forêt résineuse rabougrie du mont Carleton au Nouveau-Brunswick, les plateaux de la baie de Fundy et de la Nouvelle-Écosse, et les basses terres maritimes des Îles-de-la-Madeleine et de l'Île-du-Prince-Édouard, bordées par des falaises de grès rouges.

La diversité des forêts, des milieux humides et de la végétation côtière est imputable à un climat maritime humide associé à des températures modérées. Bien que les précipitations annuelles puissent être abondantes, jusqu'à 1500 mm, les hivers sont doux et les étés sont frais. L'influence de la mouvance des courants marins, c'est-à-dire la rencontre du courant chaud du Gulf Stream et du courant froid du Labrador, explique la présence du brouillard et les températures fraîches des côtes. Ce brassage des eaux marines crée toute la richesse halieutique des régions maritimes. C'est en effet dans ces eaux très productives que foisonnent plie, capelan, maquereau, turbot, hareng, flétan, sébaste, homard et autres crustacés. Par ailleurs, le maintien des populations de ces espèces et l'équilibre de leurs stocks reposent sur une saine gestion des pêches. Toutefois les changements climatiques mondiaux et le récent refroidissement des eaux du golfe du Saint-Laurent et du Labrador feront appel à la prudence et la clairvoyance des scientifiques et des intervenants des pêches dans la planification et la gestion des ressources de la mer.

Exploitée depuis plus de deux siècles et sujette aux perturbations naturelles, la forêt de l'Est est constituée d'une mosaïque très variée, fort différente d'une région à une autre. Toutefois deux constats demeurent. Le couvert est généralement formé de résineux comme le sapin et l'épinette rouge mêlés à des feuillus nobles comme le bouleau jaune et l'érable à sucre. Dans des milieux issus de perturbations, des essences intolérantes à l'ombre dominent, tels le bouleau à papier, l'érable rouge, le peuplier et le cerisier de Pennsylvanie. À l'instar des forêts mélangées du Québec et de l'Ontario, des essences résineuses longévives comme le pin blanc et la pruche se mêlent aux couverts forestiers.

Plusieurs des espèces fauniques des Appalaches et de l'Atlantique se rencontrent également dans l'écozone tempérée du Sud-Est. En effet, le cerf de Virginie, l'orignal, l'ours noir et le lynx roux sont des espèces généralistes capables de s'adapter à la diversité d'habitats des

impressive ecological diversity is the product of an equally varied relief and underlying bedrock, on the one hand, and of the type of climate found here, on the other. Indeed, this ecozone possesses an impressive range of relief types, including the alpine tundra found on the summits of Mounts Jacques-Cartier, Albert, Logan in Québec; the stunted conifer forest of Mt. Carleton in New Brunswick; the plateaus of the Bay of Fundy and Nova Scotia; and the maritime lowlands of the Magdalen Islands and Prince Edward Island, lined by red sandstone cliffs.

The diversity of forests, wetlands and coastal vegetation can be ascribed to a humid maritime climate combined with moderate temperatures. Annual precipitations can be abundant—up to 1500 mm—but winters remain mild and summers cool. The presence of fog and cool temperatures along the coastline owe to the influence of shifting sea currents and, in particular, of the mingling of the warm waters of the Gulf Stream with the cold waters of the Labrador Current. This encounter between currents is responsible for the highly productive fishery resources in the Maritimes, whose waters abound in sole, capelin, mackerel, turbot, herring, flounder, redfish, lobster and other crustaceans. On the other hand, it will take sound fishery management practices if the populations of these species are to be maintained and the balance of stocks is to be preserved. However, global climate change and the recent cooling of the waters of the Gulf of St. Lawrence and Labrador will compel integrating the cautious and farsighted approaches proposed by scientists and fisheries stakeholders for the planning and management of sea resources.

Logged for more than two centuries and subject to natural disturbances, the Eastern forest consists of a highly diverse mosaic presenting major differences from one area to another. Nevertheless, two general characteristics can be observed. The forest cover is generally made up of conifers such as balsam fir and red spruce, mixed with shade-tolerant deciduous trees such as yellow birch and sugar maple. In environments shaped by disturbances, shade-intolerant deciduous trees—for example, paper birch, red maple, poplar and pin cherry—are predominant. Like the mixedwood forests of Québec and Ontario, long-lived coniferous tree species such as white pine and eastern hemlock intermingle with the hardwoods.

Several species of wildlife found in the Appalachians and the Maritimes are also native to the southeast temperate ecozone. White-tailed deer, moose, black bear and bobcat are generalist species capable of adapting to the diversity of habitats found throughout temperate climates. The

climats tempérés. Cette observation s'avère aussi pertinente pour des espèces d'oiseaux qui sont également présentes dans les régions méridionales du Québec et de l'Ontario, telles que l'engoulevement bois-pourri, le merlebleu de l'Est, le cardinal à poitrine rose. Toutefois, plusieurs dizaines d'espèces marines et limicoles nichent exclusivement dans les régions maritimes de l'Atlantique. En effet, le territoire renferme de nombreuses colonies de macareux moines, de marmettes, de petits pingouins, de guillemots et de grands cormorans. 🍁

same principle also applies to bird species common to both this ecozone and the southern areas of Québec and Ontario, such as the whippoor-will, eastern bluebird, and rose-breasted grosbeak. All the same, several dozen species of seabirds and shorebirds nest exclusively in the Maritimes, home to numerous colonies of Atlantic puffin, murre, razorbill, black guillemot and great cormorant. 🍁

Bord de mer du parc national de l'Île-du-Prince-Édouard.

Along the seashore in Prince Edward Island National Park.

À l'instar de ce milieu littoral de la région de St. Peters Harbour, la côte nord-est de l'Île-du-Prince-Édouard qui s'étend sur plusieurs dizaines de kilomètres est parmi l'un des milieux côtiers les mieux préservés des provinces maritimes.

This shore environment in the vicinity of St. Peters Harbour on P.E.I.'s northeast coast, which stretches many dozens of kilometres, is one of the best preserved coast environments in the Maritime provinces.

*L*es pierres arrondies à la base des chutes Mary Ann, parc national des Hautes-Terres-du-Cap-Breton (Nouvelle-Écosse) témoignent du passage glaciaire dans les hautes terres du Cap-Breton. Les pierres arrondies en forme d'œuf ou de boule forment le matériel fluvio-glaciaire qui tapisse le lit des cours d'eau alimentés par les eaux de fusion des glaciers il y a onze mille ans.

*T*he rounded stones at the base of Mary Ann Falls in Cape Breton Highlands National Park (Nova Scotia) bear witness to the passage of glaciers in the area. The egg- and ball-shaped rocks are typical of the glacio-fluvial material lining the beds of streams and rivers fed by the melt-water produced when the glaciers merged 11,000 years ago.

Un des nombreux monolithes de grès et de conglomérat du parc provincial Cape Hopewell (Nouveau-Brunswick) au bout duquel une épinette rachitique lutte pour sa survie.

Atop one of the many sandstone and conglomerate monoliths of Hopewell Rocks Provincial Park in New Brunswick, a stunted spruce fights to survive.

*C*hutes Laverty, parc national Fundy (Nouveau Brunswick).

*L*averty Falls, Fundy National Park of Canada (Nouveau-Brunswick).

Francis Bain

Livre en poche, esprit en éveil, œil à l'affût, ainsi peut-on imaginer le jeune Francis Bain alors qu'il explore les champs et les bois avoisinant sa demeure natale. En effet, dès sa tendre enfance, outre son enthousiasme pour l'étude des classiques, des mathématiques et des langues, il se passionne pour les sciences naturelles. Ainsi meuble-t-il ses loisirs – devenus rares alors qu'il prend en charge la ferme familiale, en 1862 –, ainsi se façonne la destinée du timide et réservé Prince-Édouardien. Arpentant l'île, mû par le désir de la découverte, il recueille, étudie et répertorie coquillages, insectes, plantes, oiseaux, roches et fossiles, notant avec minutie ses observations dans un journal.

La géologie se révèle son domaine de prédilection. Ayant dressé une carte du soubassement de l'île du Prince-Édouard et en ayant analysé la composition, il conçoit le projet de creuser un tunnel destiné à relier l'île au continent. De façon récurrente, pendant des années, le projet reviendra à l'ordre du jour du gouvernement de Charlottetown, mais il sera toujours rejeté, et ce, malgré les savantes démonstrations de Bain. En revanche, les travaux de cet autodidacte en matière de fossiles lui valent la notoriété au sein de la communauté scientifique. En 1890, la vénérable Commission géologique du Canada, alors dirigée par sir William Dawson, souligne son apport à cette science en nommant *Tylodendron bainii* une nouvelle espèce de fougère fossilisée que Bain a découverte.

Observateur attentif et consciencieux, Francis Bain est aussi soucieux de rendre accessibles les sciences naturelles et d'en dégager des applications pratiques pour les habitants de l'île. Les voies de la vulgarisation scientifique qu'il emprunte sont multiples : conférences, articles de journaux et de revues, livres. À compter de 1881, dans un quotidien de la capitale, il tient une chronique qui comptera une cinquantaine d'articles touchant la météorologie, la géologie, l'ornithologie, la botanique, les fossiles, s'attachant au passage à conseiller fermiers et pêcheurs dans la pratique de leur métier. Jusqu'en 1893, il publie également une vingtaine d'articles de fond dans des revues scientifiques américaines et canadiennes, et rédige deux livres qui deviendront des manuels scolaires : *The Natural History of Prince Edward Island* et *Birds of Prince Edward Island*, premier ouvrage d'envergure sur l'ornithologie de l'île, recensant quelque 152 espèces.

Bien que sans formation professionnelle et dépourvu de véritables moyens financiers, Francis Bain fait figure de pionnier. Il est le premier natif de l'île à apporter une contribution aussi importante à l'étude de la nature de la province. *A posteriori*, il est considéré comme étant le premier écologiste de l'Île-du-Prince-Édouard pour avoir d'emblée reconnu les rapports qui existent entre la flore, la faune et leur milieu naturel.

En octobre 1894, de retour d'une conférence sur la géologie donnée à Boston, la maladie qui l'avait atteint en juin le handicape de nouveau. Paralysé, il décède le 20 novembre suivant. À Charlettetown, un monument rappelle sa mémoire.

Book in hand, alive to the world around him, sharp-eyed: we can thus imagine young Francis Bain as he explored the woods and fields around his childhood home. Indeed, from an early age his enthusiasm for studying the classics, mathematics and languages was surpassed only by his passion for the natural sciences. This is how Bain spent his leisure time, something increasingly scarce once he took over the family farm in 1862. And this too was how the destiny of this shy and reserved Prince Edward Islander would be shaped. His hunger for discovery led him to hike up and down the island, collecting, studying and listing shellfish, insects, plants, birds, rocks and fossils. He meticulously noted his observations in a journal.

Geology turned out to be Bain's favourite field of study. Having drawn a map of the Prince Edward Island basement and analyzed its composition, he conceived of a project to dig a tunnel from the island to the mainland. The Charlottetown government put the project on its agenda many times over the years, but it was always rejected despite Bain's learned demonstrations. In contrast, the work that this self-educated man carried out on fossils earned him the esteem of the scientific community. In 1890 the distinguished Geological Survey of Canada, at this point under the direction of Sir William Dawson, showed its high regard for Bain's contribution to geology by giving the name of *Tylodendron bainii* to a species of fossil fern that he had discovered.

Above and beyond his skills as an attentive and conscientious observer, Francis Bain also wanted to make the natural sciences accessible and draw on their practical applications for the benefit of Islanders. He made many efforts to communicate science to the public, including lectures, journal and magazine articles and books. In 1881 he started a column for a Charlottetown daily. The result was over 50 articles on subjects ranging from meteorology, geology, ornithology, botany and fossils to advice on farming and fishing. Moreover, up until 1893 he published some 20 papers in American and Canadian scientific journals. He also authored two works that were to become school textbooks: *The Natural History of Prince Edward Island and Birds of Prince Edward Island*, which listed some 152 species and was the earliest major work on P.E.I. ornithology.

Though lacking in professional training and financial resources, Francis Bain stands out as a pioneer. He was the first person born in the province to make such an important contribution to the study of the nature on this island. Indeed, having recognized from early on the relationships between flora, fauna and their natural environment, Bain is now considered to be P.E.I.'s first ecologist.

In October, 1894, upon returning from a geology conference in Boston, Bain was again stricken by an illness that he had first experienced the previous June. Paralyzed thereafter, he died on November 20th. In Charlottetown, a monument has been raised in his honour.

Le vent et l'effet érosif des vagues sculptent sans répit la côte nord de l'Île-du-Prince-Édouard. Les grès rouges de l'île mis en place il y a deux cent cinquante millions d'années se désagrègent aisément sous l'action de tous les agents d'érosion naturelle. Conséquemment, la configuration de la côte évolue continuellement.

Wind and wave erosion have mercilessly carved the northern coast of P.E.I. The island's red sandstone, which formed 250 million years ago, disintegrates easily upon contact with natural erosion agents. As a result, the coastline is continuously changing.

Parmi les précieux îlots sauvages de la côte Atlantique des provinces mariti-mes, l'annexe maritime du parc national Kejimkujik (Nouvelle-Écosse) est formée d'une variété d'habitats dont les marais salins abritant plusieurs espèces de pluviers et de bécasseaux et de magnifiques cordons de plage servant de lieux de résidence à une douzaine de couples de pluviers siffleurs. La présence d'une population de phoques communs batifolant sur les rochers côtiers reflète le caractère sauvage du lieu.

The Seaside Adjunct of Kejimkujik National Park (Nova Scotia) is one of the most pristine sectors on the Atlantic coast of the Maritime provinces. It features a variety of habitats, including salt marshes that are home to many plover and sandpiper species, plus a series of magnificent coastal strips inhabited by a dozen piping plover pairs. A resident population of harbour seals frolicking on the rocks further reinforces the site's wildness.

*C*es sculptures de pierre du parc provincial Cape Hopewell (Nouveau-Brunswick), nommées localement pots de fleurs, ont bien sûr été taillées par l'action érosive des vagues, des marées et du gel-dégel. Les grès et les conglomérats considérés comme des roches tendres se prêtent à ce travail de la nature. Toutefois, cela n'empêchera pas les épinettes et les sapins de coloniser la surface tabulaire des monolithes géants.

*K*nown locally as "flower pots," these stone sculptures in the Cape Hopewell Provincial Park (New Brunswick) have obviously been sculpted by the erosive action of waves, tides and freeze-thaw cycles. Sandstone and conglomerate, which are considered soft rocks, make nature's work easier. However, this has not prevented spruces and firs from colonizing the table-like surfaces of the giant monoliths.

Îlot de forêt acadienne en robe d'automne dans le parc national des Hautes-Terres-du-Cap-Breton (Nouvelle-Écosse). C'est au cours de la première semaine d'octobre que les érables à sucre, les érables rouges et les bouleaux jaunes s'ornent de leur plus belle coloration.

A stand of Acadian forest ablaze with fall colour in Cape Breton Highlands National Park (Nova Scotia). The sugar maple, red maple and yellow birch don their most vibrant colours in the first week of October.

ℒes calcaires formant l'épine dorsale de la presqu'île de Forillon (parc national Forillon, Québec) correspondent à des lits de roches sédimentaires résultant de l'accumulation de sédiments voilà plus de cinq cents millions d'années. Cent vingt-cinq millions d'années après la formation des lits sédimentaires, un soulèvement des plaques tectoniques a entraîné l'inclinaison des lits jadis horizontaux. Ces couches sédimentaires inclinées témoignent donc de ce grand bouleversement géologique. Aujourd'hui, ce site naturel exceptionnel est occupé par le phoque commun, de même que par plus d'une vingtaine d'espèces de plantes arctiques-alpines et cordillériennes très rares, telle la dryade de Drummond.

𝒯he limestone that forms the backbone of the Forillon peninsula in Forillon National Park, Québec is the same as the sedimentary rock beds formed by the accumulation of sediment over 500 million years ago. One hundred and twenty-five million years after the sedimentary beds formed, the tectonic plates uplifted, tilting the beds that had previously laid horizontally. In short, these sloped sedimentary layers bear witness to this great geological upheaval. Today, this exceptional natural site is home to harbour seals as well as some 20 species of very rare Arctic-alpine and cordilleran plants, such as the yellow mountain avens.

William Earl Godfrey

À Wolfville, en Nouvelle-Écosse, au début des années 1920, le jeune Earl s'initie à l'étude des oiseaux, armé d'un lance-pierres. C'est la façon qu'il a trouvée pour les observer de plus près ! Il est cependant contraint d'abandonner cette méthode peu orthodoxe lorsque Robie Tufts, un biologiste du gouvernement fédéral, lui reproche son procédé brutal. Toutefois, conscient de l'intérêt réel du jeune Godfrey pour les oiseaux, Tufts, loin de le détourner de sa quête de savoir, lui ouvre les portes du monde fascinant de la faune aviaire. Ainsi naît chez Godfrey la passion qui l'animera toute sa vie.

Après une maîtrise en sciences à l'Université Acadia de Nouvelle-Écosse – établissement qui lui décernera, en 1969, un doctorat honorifique –, Godfrey devient assistant de recherche puis assistant conservateur en ornithologie au Musée national d'histoire naturelle de Cleveland (Ohio, États-Unis). En 1947, il revient au Canada où le Musée national des sciences naturelles (aujourd'hui le Musée canadien de la nature) l'invite à occuper le poste de conservateur en ornithologie, prenant ainsi la suite du réputé Percy A. Taverner (1875-1947). Pendant 30 ans dans cette institution, il agira en véritable éducateur, se montrant généreux de son temps et de sa science pour quiconque est intéressé par les oiseaux.

On doit aussi à la plume de l'ornithologue quelque 200 articles dont près de la moitié portent sur de nouvelles recherches dans les domaines de la répartition géographique, du comportement, du plumage et de la mue. Ils sont publiés entre autres dans le *Canadian Field-Naturalist*, magazine qu'il édite. Il rédige aussi de nombreuses monographies sur la faune aviaire. Les travaux du scientifique ont mené à la découverte de nouvelles sous-espèces d'oiseaux. Notons à ce titre une forme distincte de hibou moyen-duc qui niche dans le sud du Manitoba et de la Saskatchewan. Le nom de cet oiseau, *Asio otus tuftsi*, est d'ailleurs inspiré de celui de son mentor, Robie Tufts. Il a également découvert une sous-espèce de bruant des marais propre au territoire de Terre-Neuve. Mais surtout, la notoriété publique de W. Earl Godfrey lui vient d'une œuvre marquante, *The Birds of Canada* (*Les oiseaux du Canada*). D'abord paru en anglais, cet ouvrage de 650 pages tout illustré constitue une véritable bible tant pour les simples amateurs que pour les scientifiques. Fruit de la passion, de recherches soutenues et de nombreuses expéditions estivales à travers les espaces naturels canadiens, l'ouvrage paraît pour la première fois en 1966 après sept ans d'un travail minutieux et constant. Ce livre devient bientôt un *best-seller*, et ses deux éditions (celle de 1966 et la révision de 1986) seront vendues à quelque 300 000 exemplaires.

À sa retraite, en 1977, en plus de rédiger des articles scientifiques, Godfrey poursuit ses recherches en taxonomie ainsi que ses observations sur les oiseaux de son quartier. Sa passion pour la faune aviaire canadienne, son travail acharné et son enthousiasme ont permis l'émergence de nombreuses carrières dans les sciences de la nature.

As a boy in the early 1920s, Godfrey began to study birds that he brought down with a slingshot. This was the only way he had found to observe them up close. However, he felt obliged to give up this rather unorthodox method when Robie Tufts, a biologist with the federal government, criticized his brutal approach. But, far from seeking to discourage the young man's thirst for knowledge, Tufts recognized Godfrey's genuine interest in birds and introduced him to the fascinating scientific study of avian wildlife. For Godfrey, this was the beginning of a life-long passion.

After earning a M.Sc. at Acadia University in Nova Scotia—an institution that awarded him an honorary doctorate in 1969—Godfrey found work in the ornithology department of the Cleveland Museum of Natural History, in Ohio, first as a research assistant and then as assistant curator. In 1947, he returned to Canada, where he was invited by the National Museum of Natural Sciences (today the Canadian Museum of Nature) to accept the position of ornithology curator, previously held by the highly regarded ornithologist, Percy A. Taverner (1875-1947). During his 30-year career at this museum, Godfrey acted like a true educator, generously sharing his time and knowledge with anyone who was interested in birds.

Godfrey also penned some 200 articles, nearly half of which dealt with the most recent research in the fields of geographic distribution, behaviour, plumage and moulting. Many of these articles were published in *The Canadian Field-Naturalist*, a magazine that he edited. He wrote numerous monographs on birds as well. His scientific work led to the discovery of new subspecies of birds. For example, he identified a distinct form of long-horned owl that nests in southern Manitoba and Saskatchewan. The scientific name given to the owl, *Asio otus tuftsi*, honours Godfrey's mentor, Robie Tufts. He also discovered a subspecies of swamp sparrow found only in Newfoundland. But W. Earl Godfrey's reputation rests above all on his remarkable work, *The Birds of Canada* (*Les Oiseaux du Canada*). This beautifully illustrated, 650-page book remains a bible for bird-lovers, be they amateurs or specialists. The book was first published in 1966, after seven years of constant, painstaking labour. It is the fruit of his passion for birds, his sustained research and his numerous summer field trips to Canada's natural regions. The book soon became a bestseller and a second, revised edition was published in 1986. Some 300,000 copies have been sold in all.

After his retirement in 1977, Godfrey continued to write scientific articles and do research in taxonomy, while observing the birds in his own neighbourhood. His passion for Canada's birds, his dedicated work and his unflagging enthusiasm encouraged many to seek careers in the natural sciences.

Le roi de l'île Grand Manan (sanctuaire de l'île Machias Seal, Nouveau-Brunswick), le macareux moine – une espèce marine – niche en colonies, dans des îles côtières et des falaises de la Côte-Nord du Québec, du Labrador, de l'est de Terre-Neuve. Cet alcidé se distingue de plusieurs autres espèces marines, par le fait qu'il nidifie dans un terrier creusé à l'aide de son gros bec triangulaire et de ses pattes. Au nid, les oisillons sont approvisionnés en capelans et en lançons pêchés dans les eaux glacées du golfe. La chute récente des populations de morues aurait un effet positif sur les effectifs de macareux, qui s'alimentent des mêmes poissons que les morues.

The king of Grand Manan Island in New Brunswick's Machias Seal Island sanctuary is the Atlantic puffin, a marine species that nests in colonies on the coastal islands and cliffs of Québec's Côte-Nord region, Labrador and eastern Newfoundland. This alcid is different from other marine species in that it nests in a burrow it digs with its feet and large triangular beak. Nesting chicks are fed capelin and sand eels caught in the Gulf's icy waters. The recent falloff of cod populations has benefited puffins, which eat the same fish as cod.

Le petit pingouin est le cousin du grand pingouin, une espèce disparue qui habitait les côtes de Terre-Neuve jusqu'au XIX° siècle. L'espèce est présente sur la Côte-Nord au Québec, à l'île d'Anticosti, sur les côtes de Terre-Neuve et au Labrador. Le petit pingouin possède des habiletés remarquables pour la nage et la chasse sous l'eau. Le plus souvent, cet oiseau de mer cohabite en colonies avec d'autres espèces d'alcidés, tels les guillemots et les macareux moines.

Razorbills are the cousins of great auks, a vanished species that once inhabited the Newfoundland coast until 19th century. Razorbills are found in Québec's Côte-Nord region, on Anticosti Island and on the Newfoundland and Labrador coasts. This seabird is a remarkable underwater swimmer and hunter and will often live in colonies with other species of the auk family such as guillemots and Atlantic puffins.

Falaises de l'île Grand Manan
(Nouveau-Brusnwick).

The cliffs of Grand Manan Island
(New Brunswick).

225

Le sentier Skyline dans la portion occidentale du parc national des Hautes-Terres-du-Cap-Breton (Nouvelle-Écosse) mène le randonneur vers des sommets déboisés offrant une vue unique sur le golfe du Saint-Laurent. Les conditions climatiques rigoureuses expliquent la présence d'une lande d'éricacées et de bouleaux à papier rabougris accrochés avec peine au versant.

The Skyline Trail in the western part of Cape Breton Highlands National Park (Nova Scotia) takes hikers to bare summits offering striking views of the Gulf of St. Lawrence. Harsh climatic conditions account for the ericaceous heath and stunted paper birch clinging to the hillside.

C'est par un réseau de longs rhizomes (jusqu'à trois mètres) que l'ammophile à ligule courte fixe les sables des dunes mobiles des littoraux atlantiques. Quoique cette graminée ne tolère pas l'eau salée, elle envahit les cordons littoraux des Îles-de-la-Madeleine et de l'Île-du-Prince-Édouard. Son occupation des sables pauvres et secs des dunes mobiles permet subséquemment la colonisation d'autres espèces du bord de la mer.

Beachgrass anchors the dune landscape of the Atlantic shores with a series of long rhizomes up to 3 metres in length. Though this member of the grass family is unable to tolerate saltwater, it has invaded the coastal strips of the Magdalen Islands and Prince Edward Island. By occupying the dry, nutrient-poor sands of the shifting dunes, beachgrass establishes a beachhead for subsequent colonization by other seashore species.

Léon Provancher

1820-1892

Léon Provancher est né à Bécancour, au Québec, le 10 mars 1820. Très jeune, il se découvre une passion pour les sciences naturelles, se plaisant à apprendre les noms des plantes et des arbres de sa région. À 14 ans, grâce à une bourse d'études, il entre au séminaire de Nicolet. Ordonné prêtre en 1844, il agira pendant 25 ans à titre de vicaire puis de curé dans différentes paroisses du Québec. Mais peu importe l'endroit où il se trouve, il consacre tous ses loisirs aux sciences naturelles. En Beauce, il s'intéresse à l'horticulture et à l'art de la greffe; à L'Isle-Verte, il s'attarde à la flore et à la faune du littoral, avec un intérêt notable pour les mollusques; sur la Côte-Nord, il établit une pépinière d'arbres fruitiers. Soucieux d'enseignement, il publie, en 1857, *Essai sur les insectes et les maladies qui affectent le blé* sous le pseudonyme d'Émilien Dupont, puis, l'année suivante, *Traité élémentaire de botanique*, premier ouvrage du genre au Canada et longtemps utilisé comme manuel scolaire. Paraissent par la suite, en 1862, *Le Verger canadien* et, en 1868, les deux tomes de son œuvre pionnière, *Flore canadienne*, qui, pendant 70 ans, constituera le *vade-mecum* de tout amateur de sciences naturelles.

Souvent contesté pour son caractère tranchant, son impatience et son franc-parler, mais aussi connu pour son insatiable curiosité et sa redoutable volonté, Léon Provancher démissionne en 1869 de son dernier ministère paroissial. À Québec puis à Cap-Rouge où il s'établit en 1872, il consacre désormais tout son temps à la poursuite de ses recherches sur l'entomologie. Le travail inlassable de ce scientifique autodidacte passionné porte ses fruits. En 1877, il publie une œuvre majeure, les trois tomes de *Petite faune entomologique du Canada*, dont la valeur sera longtemps attestée dans le monde scientifique. Mais ce sont plus particulièrement ses études sur les hyménoptères (ordre d'insectes caractérisés par la possession de deux paires d'ailes membraneuses brillantes, comme les abeilles et les fourmis) qui feront figure d'innovation, conférant à son auteur une grande renommée, voire l'immortalité scientifique. En effet, Provancher découvre, nomme et décrit plus de 1000 espèces d'insectes de cet ordre, soit le dixième des espèces d'hyménoptères connues aujourd'hui au Canada.

Jusqu'à sa mort, en 1892, ce grand naturaliste a produit une œuvre monumentale : plus de 4500 lettres adressées à des confrères scientifiques, plusieurs études publiées, des collections impressionnantes dont un herbier de 900 plantes, 25 000 coquillages de mollusques du monde et quelque 30 000 spécimens d'insectes. On lui doit aussi la publication en français, à compter de 1868, de la célèbre revue *Le Naturaliste canadien*, la plus ancienne du genre au Canada aujourd'hui distribuée dans plus de quarante pays par la Société Provancher d'histoire naturelle du Canada. Plus de 26 000 pages ont été publiées sous la gouverne de Provancher.

Malgré les moyens rudimentaires dont il disposait, usant de toute sa fougue et de sa vivacité, Léon Provancher est parvenu à sensibiliser le public à la nécessité d'étudier les sciences. En reconnaissance de sa contribution inestimable, le gouvernement québécois a nommé à sa mémoire une réserve écologique, et le gouvernement canadien l'a déclaré personnage d'importance nationale au Canada.

Naturaliste

Naturalist

Léon Provancher was born in Bécancour, Québec, on March 10, 1820. As a boy, he discovered a passion for natural science, taking pleasure in learning the names of the plants and trees in his area. At the age of 14, he was awarded a bursary that allowed him to enrol in the Séminaire de Nicolet. Provancher was ordained a priest in 1844 and, for 25 years, he served as a curate and then a priest in various parishes in Québec. Regardless of where he lived, he devoted all his spare time to natural science. While in the Beauce region, he took an interest in horticulture and grafting and, at L'Isle-Verte, he studied the flora and fauna found along the shoreline, especially molluscs. While on the North Shore, he set up a fruit tree nursery. Anxious to pass his knowledge on to others, he published, in 1857, *Essai sur les insectes et les maladies qui affectent le blé* under the pseudonym Émilien Dupont, and the following year, *Traité élémentaire de botanique*, the first work of its kind in Canada and long used as a school textbook. Then in 1862, he put out *Le Verger canadien* and, in 1868, his pioneering two-volume work, *Flore canadienne*, which, for the next 70 years, was the handbook of all natural science amateurs.

Often challenged for his assertiveness, impatience and outspokenness, but also known for his insatiable curiosity and formidable determination, Léon Provancher resigned from his last parish ministry in 1869. From then on, he devoted all his time to research on entomology, first in Québec City and then in Cap-Rouge, where he moved in 1872. The unremitting work of this passionate, self-taught scientist eventually bore fruit. In 1877, he published a major three-volume work, *Petite faune entomologique du Canada*, whose value was recognized for many years in scientific circles. However, it was mainly through his studies on hymenoptera, an order of insects with two pairs of shiny membranous wings, such as bees and ants, that Provancher broke new ground and won great renown, if not lasting fame, in the scientific world. He discovered, named and described over 1,000 species of insects of this order, or one tenth of the hymenoptera species now known in Canada.

Up until the time of his death in 1892, this great naturalist was a prolific author and an avid scientific collector, writing over 4,500 letters to fellow scientists, publishing numerous studies, and amassing large collections, including a 900-specimen herbarium, 25,000 mollusc shells from around the world and some 30,000 insect specimens. In addition, as of 1868, he published the famous French-language journal, *Le Naturaliste canadien*, the oldest scientific journal in Canada, now distributed in more than 40 countries by the Société Provancher d'histoire naturelle du Canada. Over 26,000 pages were published under his direction.

Despite the rudimentary means at his disposal, Léon Provancher, through his enthusiasm and energy, made people aware of the need to study science. In recognition of his invaluable contribution, the Québec government has named an ecological reserve in his memory, while the Canadian government has declared him a person of national historic significance in Canada.

La vallée de la rivière Grande Anse, parc national des Hautes-Terres-du-Cap-Breton (Nouvelle-Écosse), abrite les plus beaux échantillons des forêts anciennes des provinces maritimes. De nombreuses espèces de fougères d'affinités nettement méridionale dominent le sous-bois des érablières de cette vallée : athyrium fausse-thélyptéride, polystic de Braun, adiante pédalé.

The Grande Anse River valley in Nova Scotia's Cape Breton Highlands National Park has the most beautiful old-growth forests in the Maritime provinces. Many fern species found in warmer ecozones—such as maidenhair fern, Braun's holly fern and silvery spleenwort—predominate in this valley's maple understorey.

L'intégrité écologique du long cordon de plage du parc national de l'Île-du-Prince-Édouard, qui s'étend sur quarante kilomètres de longueur, est menacée par les visiteurs. Ces derniers, au nombre d'un million par année, font des dunes leurs lieux de randonnée… Le maintien des plantes fixatrices des dunes (l'élyme des sables, l'ammophile à ligule courte) et la protection de l'habitat du pluvier siffleur ne peuvent être envisagés que si l'accès à certaines portions des dunes demeure limité, et si les visiteurs respectent les règles d'usage du parc.

Visitors jeopardize the ecological integrity of the 40-km-long beach strip in Prince Edward Island National Park. Each year, a million visitors make the dunes their playgrounds. The only way to maintain the plants holding the dunes in place (e.g., American dune grass, beachgrass) and to protect the habitat of the piping plover is to limit beach access and enforce park rules.

Au cœur des forêts mélangées de l'ouest de la Nouvelle-Écosse, le parc national Kejimkujik a été jusqu'à sa création en 1965, un haut-lieu de chasse à l'orignal et de pêche à la truite. Visités pour la première fois par l'explorateur français Jacques de Meulles en 1686, les environs du lac Kejimkujik représentent la mère patrie des Micmacs et de leurs ancêtres depuis plus de quatre mille ans. Ces derniers habitèrent ce territoire en raison de la richesse de la faune aquatique et terrestre. La présence des Micmacs est enregistrée par des gravures rupestres sur les schistes du grand lac Kejimkujik.

Prior to its creation in 1965, Kejimkujik National Park in the heart of western Nova Scotia's mixed woodlands was a favourite destination for moose hunting and trout fishing. Visited for the first time by the French explorer Jacques de Meulles in 1686, the Lake Kejimkujik region has been the homeland of the Micmacs and their ancestors for over 4,000 years. The Micmacs choose this land for the abundant land and marine wildlife to hand. They recorded their presence by means of petroglyphs incised into Kejimkujik Lake slate.

231

*D*es essences peu exigeantes comme le pin blanc peuvent croître sur les sols pauvres du bassin du ruisseau Mary Ann, parc national des Hautes-Terres-du-Cap-Breton (Nouvelle-Écosse). Les chutes du même nom sont certainement embellies par le manteau d'automne des bouleaux à papier, bouleaux jaunes et érables rouges.

*H*ardy species like white pine are able to thrive in the nutrient-poor soil of the Mary Ann Brook basin in Cape Breton Highlands National Park (Nova Scotia). In the fall, the paper birch, yellow birch and red maple come alive with colour, further embellishing the Mary Ann Falls.

*É*pinette blanche fouettée par le vent du golfe du Saint-Laurent. Sentier Skyline, parc national des Hautes-Terres-du-Cap-Breton (Nouvelle-Écosse).

A white spruce lashed by the wind off the Gulf of St. Lawrence: Skyline Trail, Cape Breton Highlands National Park (Nova Scotia).

René Pomerleau

« René Pomerleau avait le culte de la beauté. » Trait remarquable de la personnalité de ce scientifique réputé, on prétend même que cette quête du beau n'est pas tout à fait étrangère à la passion pour la mycologie qu'il développe et entretient toute sa vie, émerveillé qu'il est dès son enfance par ces végétaux tour à tour étonnants, inquiétants, séduisants. Cette fascination première éveille en lui le désir de comprendre la nature qui l'entoure. À 16 ans, le jeune Québécois originaire de Saint-Ferdinand s'inscrit donc à l'École d'agriculture de Sainte-Anne-de-la-Pocatière.

René Pomerleau se révèle un élève brillant. En 1927, après avoir obtenu une maîtrise de l'Université McGill, il œuvre à titre de chercheur et d'inspecteur des maladies des plantes. Il complète alors son doctorat sous la direction du frère Marie-Victorin. Poursuivant sa carrière, il enseigne à l'Université Laval de 1940 à 1965, où il dispense des cours de mycologie et de phytopathologie, tandis qu'au Jardin botanique de Montréal, il donne, de 1945 à 1951, un populaire cours public sur les champignons comestibles. Toujours mû par ce souci de rendre accessible cette science qui le passionne, il fonde de nombreux clubs de mycologues amateurs, tient à la radio une chronique agricole et forestière, multiplie les conférences.

En matière de recherche, René Pomerleau se pose en véritable pionnier de la pathologie forestière, une science encore toute jeune dans les années 1930, s'attachant à y appliquer une approche écologique. Une de ses découvertes importantes est l'identification du premier spécimen atteint par la maladie hollandaise de l'orme au Canada. Outre le diagnostic, Pomerleau retrace la source de la contamination et, jusqu'à sa retraite, il consacrera une partie de son temps à l'étude de cette infection et à la recherche des moyens de l'enrayer ainsi qu'à l'étude des relations symbiotiques entre les arbres et les champignons. Par ailleurs, il a été l'un des premiers à associer le dépérissement de l'érable, du bouleau et de plusieurs essences feuillues à des causes climatiques. Cette explication des épisodes de dépérissement demeure de nos jours la plus valable.

Mycologue
Botaniste
234
Botanist
Mycologist

En 1970, celui qui connaissait si bien la forêt pour l'avoir tant de fois explorée, prend sa retraite. Désormais, René Pomerleau se consacre à cette mycologie qui lui est si chère. Il entreprend donc la rédaction de la *Flore des champignons au Québec*, qui sera publié en 1980, un ouvrage majeur présentant quelque 1400 espèces de champignons. Fruit de la passion d'une vie, fondé sur sa collection de quelque 30 000 spécimens – faisant aujourd'hui partie de l'herbier du Centre de biologie forestière de l'Université Laval –, ce livre constitue un ouvrage de référence aussi fondamental que *La Flore laurentienne* du frère Marie-Victorin.

Scientifique rigoureux et homme de terrain, auteur qui savait l'art subtil de décrire les formes, textures, couleurs et odeurs, celui que l'on qualifie de « père de la mycologie » a grandement contribué à l'avancement de la botanique au Canada et à l'émergence de la phytopathologie moderne.

"René Pomerleau worshipped beauty." In fact, this remarkable character trait is claimed to be linked to his keen interest in the study of mushrooms, a passion this renowned scientist nurtured throughout his life. When he was just a boy, these unusual, disturbing, yet attractive plants filled him with wonder, and this early fascination stirred a desire in him to understand the natural world around him. At the age of 16, this young Quebecer from Saint-Ferdinand enrolled in the agricultural school in Sainte-Anne-de-la-Pocatière.

René Pomerleau was an outstanding student. In 1927, after obtaining a master's degree from McGill University, he worked as a researcher and plant disease inspector while completing his doctorate under the direction of Brother Marie-Victorin. From 1940 to 1965, he taught at Université Laval, giving courses in mycology and phytopathology and, from 1945 to 1951, he gave a course on edible mushrooms to the general public at the Montréal Botanical Garden, which attracted a large audience. Ever anxious to make his cherished field of study accessible to all, he founded many amateur mycology clubs, hosted a radio series on agriculture and forestry and gave numerous lectures.

René Pomerleau was a veritable pioneer in research on forest pathology, endeavouring to apply an ecological approach in this discipline, which was still in its infancy in the 1930s. One of his most important discoveries was his identification of the first specimen infected with Dutch elm disease in Canada. Pomerleau also found the source of the infection, and up until his retirement, he devoted time to studying the disease and searching for ways to eradicate it. He also explored the symbiotic relationships that exist between trees and mushrooms, and was one of the first to associate the dieback of maple, birch and other hardwood species with climatic factors. His explanation of such dieback episodes is still the most valid one.

This man who came to know the forest so well, having explored it so often, finally retired in 1970. From then on, he dedicated himself to mycology, the subject he adored. He began to write *Flore des champignons au Québec*, a major work describing some 1,400 species of mushrooms published in 1980. This book, born of a lifelong passion, was based on Pomerleau's collection of about 30,000 specimens, which is now part of the herbarium of the Centre de biologie forestière at Université Laval. As a reference book, it is just as important as Brother Marie-Victorin's *La Flore laurentienne*.

A rigorous scientist and field man and an author who had mastered the subtle art of describing shapes, textures, colours and odours, René Pomerleau, who is considered the "father of mycology," contributed significantly to the advancement of botany in Canada and the emergence of modern phytopathology.

Les gorges de la rivière MacKenzie s'enfoncent de plusieurs centaines de mètres au-dessous du plateau des hautes terres du Cap-Breton (Nouvelle-Écosse). Quoique plusieurs gorges profondes de ce territoire résultent de failles dans la roche-mère appalachienne, la raideur des pentes et la profondeur des gorges encaissées ont été accentuées par l'abrasion des glaces et des eaux de fonte des dernières glaciations.

The gorges of the Mackenzie River plunge many hundreds of metres downward from the top of the Cape Breton Highlands (Nova Scotia). While many of this region's deep gorges are caused by faults in the Appalachian parent rock, the abrasive effect of ice and glacier meltwater during glaciation periods has made valley walls run deeper and steeper.

*C*hutes du parc provincial Uisage Ban Falls (région de Baddeck, Nouvelle-Écosse).

Waterfall in Uisage Ban Falls Provincial Park (region of Baddeck, Nova Scotia).

Épilogue

Epilogue

Des milliers de kilomètres carrés de forêts côtières tempérées formées des plus grands arbres de la planète, des prairies sèches à cactus et armoises, des mers de glaciers polaires bordant le pack ont saisi le regard des photographes de ce projet de plus d'une décennie. Grandioses qualifie les cours d'eau du pays – on y retrouve les plus grands lacs, fleuves, deltas et estuaires de la planète. Icônes de la biodiversité mondiale, et fantastique bastion d'espèces tempérées, boréales et arctiques, les terres sauvages et les eaux marines du Canada abritent des milliers d'espèces endémiques rares et uniques au territoire canadien.

Heureusement, les terres sauvages du Canada et les milliers de sites et aires protégées voués à la protection des milieux naturels permettent encore de vivre des expériences de découverte, où les sens nous apprennent à apprécier la beauté et la valeur des espèces, des écosystèmes et des paysages. Par ailleurs, nous pouvons espérer que des livres et d'autres moyens de communication continueront de stimuler l'intérêt des citoyens dans la découverte des espaces naturels, provoquant des gestes et des actions en faveur d'un meilleur rapport avec l'environnement et les ressources naturelles.

Les grands défis de la conservation interpellent tous les Canadiens et les organisations politiques, sociales, économiques ou environnementales. Ainsi, l'éducation environnementale constitue le pôle de ces défis. Les programmes éducatifs des milieux scolaires et les activités d'organismes non gouvernementaux (ONG) et d'institutions devront continuer à servir de moyens pour diffuser les connaissances de base sur les composantes du patrimoine naturel et surtout pour expliquer la nécessité des actions de conservation et de protection des milieux naturels.

La protection de la biodiversité n'est pas qu'une affaire de parcs. Des mesures spéciales de protection des habitats floristiques ou fauniques, de protection d'espèces menacées ou vulnérables et de protection d'écosystèmes rares ou exceptionnels devront être imaginées autant sur les terres publiques qu'à travers le cadre des programmes d'intendance en terre privée. Par ailleurs, l'intégrité des vastes réseaux des 700 parcs provinciaux et territoriaux et des 43 parcs nationaux du Canada est maintenant questionnée – il faudra repenser et mieux harmoniser le développement et l'utilisation des terres en périphérie de nos parcs. Enfin, toutes ces actions ne sont valables que si l'utilisation des ressources naturelles dans l'immense territoire canadien respecte le cadre du développement durable et de la conservation de la biodiversité.

For more than a decade, the photographers associated with this project have been captivated by the thousands of square kilometres of temperate coastal forests and their towering trees, dry prairies of sagebrush and cactus, and immense expanses of polar glaciers abutting pack ice. Canada's water bodies are simply awe-inspiring, for they embrace many of the planet's largest lakes, rivers, deltas, and estuaries. Icons of the world's biodiversity, a fantastic bastion of temperate, boreal, and arctic species, Canada's wild lands and marine waters are home to thousands of rare, endemic species that can be found nowhere else in the world.

Thanks to Canada's wild lands and the thousands of protected sites and areas dedicated to protecting natural environments, we may still enjoy opportunities of discovery, in which our senses teach us to appreciate the beauty and value of species, ecosystems, and landscapes. It is also to be hoped that books and other means of communication will continue to move citizens to discover natural spaces and hence to take action and adopt behaviour supportive of a more positive relationship with the environment and natural resources.

The great challenges of conservation directly concern all Canadians as well as all political, social, economic, and environmental organizations. Thus, environmental education represents the cornerstone of any approaches to be devised in response to these challenges. The curricula adopted in the classroom and the activities of non-governmental organizations (NGOs) and institutions should continue to use various means for disseminating basic knowledge about natural heritage and, above all, for explaining the need for actions designed to preserve and protect natural environments.

Protecting biodiversity is no longer the business of parks alone. Special measures must be designed and implemented for the purpose of protecting animal and plant habitats, endangered species, and rare and exceptional ecosystems—not only on Crown lands but also on private lots within the framework of environmental stewardship programs. Furthermore, the integrity of the huge systems of provincial and territorial parks and of the 43 National Parks of Canada has now become a matter of public concern; the time has come to reconsider and better harmonize the use and development of lands bordering our parks. Finally, all these actions will only prove worthwhile if resource use throughout the immense territory of Canada accords with the principles of sustainable development and biodiversity conservation.

Les photographes d'Enviro Foto
The Photographers of Enviro Foto

Passionné de plein air et d'aventures, *Éric Daigle* photographie la faune, les paysages et les amants du plein air en Alberta, en Colombie-Britannique et dans l'est du pays depuis plus de dix ans.

Botaniste et ornithologue amateure, *Hélène Savard* photographie surtout la flore et les paysages. Au cours de ses périples avec Jean-François Bergeron, elle agit en tant qu'assistante photographe. Grâce à son expérience professionnelle en marketing, elle est au cœur de la promotion et des relations d'affaires d'Enviro Foto.

Autrefois chasseur de gros gibier, *Laurent Royer* a conservé ses habiletés pour l'affût, l'observation et la justesse du tir. Il est reconnu pour ses clichés saisissants d'espèces animales en mouvement.

Maître de l'expérimentation, *Maurice Pitre* a exploré tous les thèmes de la photographie de la nature. Polyvalent, il se consacre aussi au portrait et à la représentation de la vie quotidienne, en plus de son enseignement et de ses conférences.

Maître des techniques de chasse photographique, *Jacques Turcotte* se voue à la faune et aux paysages du continent depuis plus de vingt ans. Ses photographies de faune ont d'ailleurs connu une diffusion internationale.

Les réalisations photographiques de *Jean-François Bergeron* sont centrées sur les thèmes de la nature, de l'écotourisme et du patrimoine culturel. Ayant œuvré dans les secteurs de l'écologie et de l'environnement, il se consacre présentement à des œuvres d'édition avec les membres d'Enviro Foto. Il a signé avec ces derniers l'ouvrage illustré *La Nature du Québec, la flore, la faune et les écosystèmes* (Les Éditions GID, 2002).

Michel Boulianne est l'auteur de l'ouvrage illustré *Québec, Pays de lumière* (1999). Ses œuvres ont été exposées dans plusieurs musées du pays. Ses spectacles multimédia et photoreportages l'ont amené en France et en République populaire de Chine.

Éric Daigle, Hélène Savard, Laurent Royer, Maurice Pitre
Jacques Turcotte, Jean-François Bergeron, Michel Boulianne

Photo : Gilles Roux, 2001

Éric Daigle, an outdoorsman always ready for adventure in remote regions of the country, has photographed wildlife, landscapes and outdoor enthusiasts in Alberta, British Columbia and eastern Canada for over 10 years.

An amateur botanist and ornithologist, *Hélène Savard* has made a specialty of photographing flora and landscapes. Throughout her travels with Jean-François, she has worked as a photographer's assistant. With her background in marketing, she now plays a central role in the promotional efforts and business affairs of Enviro Foto.

Laurent Royer, a former big-game hunter, has retained the stealth, sense of observation and keen eye he acquired on hunting expeditions. He is famous for his extraordinary photographs of animals in motion.

Maurice Pitre, a master of experimentation, has explored every possible theme in nature photography. This photographer also does portraits and scenes from everyday life. In addition to his professional assignments, Maurice gives lectures and teaches photography.

Jacques Turcotte, a master of wildlife photography techniques, has photographed North American wildlife and landscapes for over 20 years. His animal photographs have been distributed internationally.

Jean-François Bergeron has to his credit several photographic works centring on nature, ecotourism and cultural heritage. Having worked extensively in the fields of ecology and the environment, Jean-François Bergeron is now involved with the other members of Enviro Foto in the design and editing of photography books, including *La Nature du Québec, la flore, la faune et les écosystems* (Les Éditions GID, 2002).

Michel Boulianne is the author of the beautifully illustrated book *Québec, Pays de lumière* (1999). His photographs have been exhibited in museums in Canada, and his multimedia performances and photojournalism have taken him to France and the People's Republic of China.

Crédits photographiques
Photo credits

NOTES TECHNIQUES SUR LA PHOTOGRAPHIE

Les images de ce livre ont été produites à partir de systèmes photographiques 35 mm réflex et moyen format. Pour le système 35 mm (système Nikon), nous avons utilisé les objectifs de longueur focale 20 à 600 mm. Lors de l'usage du système moyen format (système Pentax 6X7 ou 6X7II), les objectifs de longueur focale 55, 75, 105, 200 et 300 mm ont servi. L'usage d'un trépied muni d'une rotule (système Manfrotto) et d'un câble déclencheur était de mise afin d'améliorer la stabilité et le travail de composition. Des sacs d'équipement robustes (système Lowepro) ont toujours été utilisés pour transporter les équipements.

Selon les conditions de lumière, une variété de pellicules photographiques de type diapositive ou transparent ont servi. Pour le format 35 mm, les films Fuji Velvia (50 ASA) et Fuji Provia (100 ASA) ont été employés, de même que les pellicules Kodak Ektachrome E-100VS, E-100S, EPP-100. Lors de l'usage d'appareils photographiques de format moyen, nous avons opté pour les films Fuji Velvia et Provia. Dans certains cas, ont été utilisés des filtres de correction (81 B, 81 C) ainsi que des filtres polarisants pour limiter les réflexions de certaines surfaces ou augmenter la saturation des couleurs. Certains filtres (système LEE) ont permis de rehausser la gamme des couleurs déjà présentes dans une scène (filtres 85 et didyme). Les filtres gradués (système LEE) gris neutre (1X, 2X, 3X) ont servi dans certains cas de différence marquée de luminosité entre les portions supérieure et inférieure des scènes photographiées. La lecture de la lumière a été réalisée par un posemètre de lumière incidente ou par des mesures ponctuelles (spot) ou matricielles du posemètre intégré de l'appareil photo.

TECHNICAL NOTES ON THE PHOTOGRAPHY

The photographs in this book were taken with 35 mm reflex and medium-format cameras. Lenses with a focal length of 20 to 600 mm were used with the 35 mm cameras (Nikon), while lenses with a focal length of 55, 75, 105, 200 and 300 mm were used with the medium-format cameras (Pentax 6X7 or 6X7II). In addition, a cable release and a tripod fitted with a ball and socket head (Manfrotto System) were employed to enhance stability and composition work. Sturdy camera bags (Lowepro) were always used for carrying the equipment.

Different types of slide or transparency film were used depending on the light. With the 35 mm cameras, Fuji Velvia (50 ASA) and Fuji Provia (100 ASA) were employed, as were Kodak Ektachrome E-100VS, E-100S and EPP-100. With the medium-format cameras, we opted for Fuji Velvia and Provia. In some cases, correction (81 B, 81 C) and polarizing filters were used to limit reflection from surfaces or increase colour saturation. Certain filters (LEE, 85 and didymium) made it possible to enhance the range of colours already present in scenes, and in some cases, neutral density graduated filters (LEE, 1X, 2X, 3X) were employed when there was a marked difference between the light in the upper and lower portions of scenes being photographed. Lastly, light was measured with an incident light meter or by spot or matrix metering with built-in light meters.

PHOTOGRAPHES D'ENVIRO FOTO/ PHOTOGRAPHERS OF ENVIRO FOTO

JEAN-FRANÇOIS BERGERON ET/AND HÉLÈNE SAVARD
10, 13, 15, 17, 19, 24, 26, 29, 30 (haut/top), 32, 34 (haut/top), 35, 37, 38, 39, 54, 57, 58, 59, 60, 61 (haut et bas/top and bottom), 62 (haut et bas/top and bottom), 63, 65, 66, 67, 68, 69, 98, 101, 109, 112, 117, 119, 121, 122, 125, 126, 127, 128, 132, 137, 138 (bas/bottom), 144, 149, 151, 152 (haut/top), 160, 162, 165, 175, 176, 177, 178, 179, 180, 181, 184, 185, 186, 187, 188 (haut et bas/top and bottom), 189, 193, 196 (haut et bas/top and bottom), 197, 199 (haut et bas/top and bottom), 200, 201, 204, 207, 208, 211, 212, 213, 214, 215, 217, 218, 219, 220, 221, 225, 226, 227, 229, 230, 231, 232, 233, 235, 236

JEAN-FRANÇOIS BERGERON
Photographie de la couverture/Cover photography, 14, 16, 21, 23, 25, 27, 30 (bas/bottom), 31, 33, 40, 43, 44, 45, 46, 49, 50, 51 (haut et bas/top and bottom), 52, 53, 71, 72, 74, 77, 78, 81, 83, 84, 87, 88, 91, 92, 93, 94, 95, 96, 97, 99, 100 (haut et bas/top and bottom), 103, 104, 105, 106, 107, 108, 110, 111, 116, 123, 131, 134, 140, 142, 146 (haut/top), 147, 150, 152 (bas/bottom), 153, 161, 166, 168, 169, 170, 171, 172 (haut et bas/top and bottom), 190, 195

MICHEL BOULIANNE
203

ÉRIC DAIGLE
115, 118, 133, 138 (haut/top), 146 (bas/bottom), 148, 154, 155, 156, 167, 223, 224

MAURICE PITRE
8, 73, 82, 205

LAURENT ROYER
79, 85

JACQUES TURCOTTE
75

PHOTOGRAPHES INVITÉS/GUEST PHOTOGRAPHERS

SERGE COUTURIER
47

WAYNE LYNCH
18, 183

JEAN-PIERRE SYLVESTRE
22, 34 (bas/bottom), 124 (haut et bas/top and bottom)

JAMIE TRENTO
135, 139, 141, 143, 145, 157, 158, 159, 173

Achevé d'imprimer
à Québec (Québec, Canada), en mars 2004,
sur les presses de l'imprimerie Caractéra.

Printed by Caractéra
Québec City (Québec, Canada)
March 2004.